管理就是激活个体

释放员工潜能的九个维度

唐文君 / 著

中国商业出版社

图书在版编目（CIP）数据

管理就是激活个体：释放员工潜能的九个维度 / 唐文君著. -- 北京：中国商业出版社，2019.7

ISBN 978-7-5208-0817-0

Ⅰ.①管… Ⅱ.①唐… Ⅲ.①企业管理 Ⅳ.①F272

中国版本图书馆CIP数据核字(2019)第127193号

责任编辑：张新壮　张盈

中国商业出版社出版发行

010-63180647　www.c-cbook.com

（100053　北京广安门内报国寺1号）

新华书店经销

北京富泰印刷有限责任公司印刷

*

710毫米×1000毫米　1/16开　15.25印张　224千字

2019年7月第1版　2019年7月第1次印刷

定价:58.00元

****

（如有印装质量问题可更换）

前言

管理，不是控制，是释能

现代管理学之父德鲁克曾经说过："管理者要做的是激发和释放人本身固有的潜能，创造价值，为他人谋福祉。这就是管理的本质。"从这句话可以看出，管理的最高境界不在于通过控制员工的行为将他们变成企业创造利润的机器，而在于通过种种技巧，深入挖掘并释放员工潜能，以实现企业利润的最大化，并助力员工个人成长。

海尔为充分释放员工潜能，采用了 SBU 管理模式。所谓 SBU 管理模式，即战略事业单元，是目标管理的基础单位。在企业内部成立独立的单元，每个 SBU 设有独立的战略规划目标，是一个自主经营的主体。强调"一票到底"的业务流程，每个人都要对市场效果负责，通过市场链接咬合关系，让员工成为自主经营的主体，自己经营出市场效果后，通过效益来获取报酬。一旦业绩与自己的报酬挂钩，员工自然会发挥以往被隐藏的潜能，在工作上全力冲刺。

为了做好 SUB，海尔在 2001 年更是创造性地提出了 SBU 损益表操作思路，具体做法是把事业部的外部目标转化为内部目标，再把内部目标量化到个人目标，每个部门每个员工的目标完成效果会通过市场链的方式呈现出来，工作指标采取货币化，全面实施"以市场链工资激励员工把用户的需求作为自己的价值取向，创造性地完成有价值的定单，不能以货币结算的劳动是没有价值的，属于无效劳动"

海尔认为，管理水平的高低不在于控制员工的行为，而是在于能否为员工创造一个舞台，让其充分展现自己的才能，SBU管理模式的实行就是如此，它是为了释放员工潜能，激发员工工作积极性，让员工获益，最终达到为企业创造效益的目的而存在。

管理者要想充分释放员工潜能，可以从"清除阻碍"和"启发引导"两个方面入手。

"清除阻碍"具体表现为沟通、培养、支援三个方面。在工作中进行持续沟通能够了解员工的工作状况，出现问题及时处理，如此员工就不会"一条道走到黑"，能看到自己的问题，并做出改正；开展培养活动，通过加强员工在某方面的能力让其工作更加得心应手，如此员工在工作中就会更加自信，从而更加积极的工作；当员工遇到困难时，搭把手，给予其一定的资源支持，助力其取得成功。当员工感觉企业对自己的善意，员工自然也会愿意发挥自己的百分百能力来完成工作。

"启发引导"具体表现为参与、授权、考核、激励四个方面。引导员工参与企业决策，不仅可以加深其对工作的认知，还可以增强主人翁意识。员工一旦有了主人翁意识，就会处处为企业着想，在工作时才会全力以赴；授权管理能让员工得到本职工作之外的锻炼，迅速提升工作能力，事实也证明，当一个人自主决策的权利越大，拥有的资源越多时，其获得成绩往往也更加可观；科学考核给员工施加一定的压力，督促其更好地完成工作。有压力才会有动力，否则员工就会越来越懒散，如果考核还能和薪酬福利挂钩，员工的工作积极性自然会增强；激励是增强员工自信心的最有效方式，可以说，人才是养出来的，超能是奖出来的。

管理就是激活个体，管理者了解了员工的人性、性格等内质因素，通过综合运用参与、授权、沟通、培养、考核、激励、支援等多种方式，有效提升员工的自信心与工作能力，最终达到释放员工潜能的目的，这才是高效管理的真谛。

目录

第1章 人性：用他的本能释放他的潜能

激发员工个性、释放员工潜能的过程，实际上就是激励员工的过程。激发员工潜能的方式有多种，可以从员工自身出发，也可以通过提升外部管理加以实现。但是，想要通过改变一个人来激发其潜能，无疑是最困难的。最直接、最有效的方法是利用员工的人性，用他的本能释放他的潜能。

1.1 人的意愿有多强，他的潜能就有多大 /3

1.2 先获得员工认同，再激发员工潜能 /7

1.3 给员工真正想要的，员工才会做你想做的 /11

1.4 "人性本懒"，适当给员工施压 /15

1.5 五个维度说明人性对工作潜能的影响 /19

第2章 性格：找到"庸才"变"天才"的管理密码

性格是一个人在社会生活中最明显的人格特征，在一定程度上决定了一个人的工作性质与能力。性格外向的人与内向的人所适合的工作有明显不同，态度积极的人与态度消极的人面对工作的思考角度与行为做法也有明显区别。工作中，找到适合员工性格的管理方法，给他提供适宜的工作，就能有效释放其潜能，让"庸才"变"天才"。

2.1 性格决定工作方向，释能就是顺应性格特点 /25
2.2 尖锐型员工："毛"摸顺了，"刺头"也能变尖兵 /29
2.3 情绪化员工："通"比"堵"好 /33
2.4 自卑型员工：没自信，多给予肯定和赞美 /37
2.5 消极型员工：主动引导，多给刺激 /41
2.6 孤僻型员工：拉近距离，温柔以待 /45

第3章 参与：让员工"插把手"，员工就更好"上手"

提升员工参与度，是释放员工潜能的一个重要方式。哈佛商学院的标志性杂志《哈佛商业评论》更是将其比作"当今职场中的圣杯"，以形容其难得和可贵。提升员工参与度，有利于留住人才，提高生产力；员工参与度低的企业，往往会遭受更多的金钱损失，并且团队士气低下，工作效率也低。让员工在工作中"插把手"，员工才更容易"上手"。

3.1 把员工当自己人，而不是局外人 /51
3.2 让员工了解决策的内容和原因 /54
3.3 不耻下问，善于向员工"求教" /58
3.4 注重对员工的引导工作 /61
3.5 支持关系理论：管理效率＝参与程度 /65

第4章 授权：学会"放风筝"，员工才能飞得更高

授权管理，是每位管理者都应学会的管理技巧。通过授权，一方面可以给予员工更多的权力，使其通过实操锻炼实现个人能力的提升；另一方面可以解放管理者，将管理者从繁杂的工作中解放出来，将精力集中在更加重要的工作上。可以说，授权的过程就是一个放风筝的过程，管理者既要学会放手，又要学会控制，如此，"风筝"才能越飞越高。

4.1　不放手，员工如何成长；不授权，员工如何独立　/73
4.2　阶梯授权：按能力级别授权　/78
4.3　80%授权法：不给全部的权力　/82
4.4　阿米巴授权：给员工当管理者的机会　/85
4.5　别让猴子跳回自己身上　/90
4.6　问责制：授权更要授责　/94

第5章 沟通：管理者先"说好"，员工才能"做好"

沟通是人与人之间、人与群体之间思想与感情的传递和反馈过程，是激发并释放员工潜能的一种重要方式。沟通能让管理者更加了解员工的个人情况和工作情况，也能让员工更加了解上司的管理意图和管理方式，从而消除双方隔膜，提升工作效率。

5.1　无效沟通喊加油，有效沟通下指令　/101
5.2　沟通要有效，十大原理跑不掉　/104
5.3　双向沟通，不是一个人的事　/108
5.4　乔哈里视窗，让员工意识到自己的能力　/111
5.5　将目标缩小，能激发人"达到欲望"　/115
5.6　选对沟通工具，沟通效果加倍　/119

第6章 培养：新手和高手只差一个"训练"的距离

任何高手都不是天生的，而是后天培养出来的。为了最大限度释放员工潜能，不仅要依靠员工自身的努力，还需通过各种培养与培训活动进行能力加持。新手和高手只差一个"训练"的距离。只要培养方法得当，"菜鸟"也能成为职场高手。

6.1 高手=1%的天赋+99%的训练 /125

6.2 建立培训机制，系统的才是有效的 /129

6.3 想要培养员工成高手，自己先应是高手 /134

6.4 导师制度：名师才能出高徒 /138

6.5 高手速成，用180天训练就够了 /142

6.6 复盘：将你的经验转化为下属的能力 /147

第7章 考核：别让不科学的考核"浇灭"员工潜能

所谓绩效考核，是指考核主体对照工作目标和绩效标准，采用科学的考核方式，评定员工的工作任务完成情况、员工的工作职责履行程度以及员工的发展情况，并将评定结果反馈给员工的过程。科学的绩效考核不但可以有效提升工作质量，还可以与员工聘用、职务升降、培训发展以及劳动薪酬相结合，达到激励员工的效果。但是，不科学的考核方式往往会起到相反的作用。作为管理者，要学会制订科学的绩效考核方式，别让不科学的考核"浇灭"员工潜能。

7.1 个人能力的释放取决于考核的科学性 /155

7.2 有标准的考核，才是有效果的考核 /159

7.3 从战略中提取可激励员工的关键指标 /163

7.4 搜集考核数据，提供考核依据，确保结果公平 /167

7.5 考核方法要因地制宜、因人选择 /171

7.6 根据考核结果辅导员工 /178

第8章 激励：人才是养出来的，超能是奖出来的

有效激励是组织发展与释放员工潜能的动力保证。员工积极性的提升，除了要依靠自我要求外，还需要管理者的有效激励。员工获得激励时，其能动性会明显提升，工作效率更高，同时也会激励其周边人追求更高的目标。

8.1 多点一个赞，员工的能力值就多提一分 /185
8.2 信任是最有效的"能量瓶" /189
8.3 罚一罚，让差变好；赏一赏，让好变优 /193
8.4 员工的能力是随着职位上升的 /197
8.5 能力是在你追我赶的竞争中锻炼出来的 /201
8.6 让员工在失败中成长，在挫折中成熟 /205
8.7 股权激励，将员工利益与企业利益绑在一起 /209

第9章 支援：搭把手，成就一个高手

员工在成长的道路上会遇到各种各样的问题，有时仅靠一人之力会非常困难。这时，如果管理者能够搭把手，给员工一点辅导、一些点拨，就能让他豁然开朗，成功解决问题，工作再上一个新台阶。因此，管理者要学会辅导员工，适时提供一些支援，在其前进的道路上搭把手。

9.1 天赋再高也要师傅先领进门 /217
9.2 事前辅导：事先就把问题解决 /220
9.3 找出问题：及时搬开员工成长的绊脚石 /223
9.4 示范演练：喊破嗓子，不如做出样子 /226
9.5 提供资源：后援给力，员工才更给力 /229

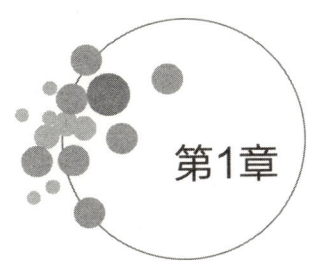

第1章

人性：用他的本能释放他的潜能

激发员工个性、释放员工潜能的过程，实际上就是激励员工的过程。激发员工潜能的方式有多种，可以从员工自身出发，也可以通过提升外部管理加以实现。但是，想要通过改变一个人来激发其潜能，无疑是最困难的。最直接、最有效的方法是利用员工的人性，用他的本能释放他的潜能。

1.1 人的意愿有多强,他的潜能就有多大

意愿,通常指个人对事物所产生的看法或想法,并因此而产生的个人主观性思维。意就是心意、心向往的方向;愿就是愿望、愿动力;意愿就是想要达到某个特定的目标和方向,然后用尽自己的能力去达成那个目标和方向。当员工需要做的工作符合其意愿时,员工往往能够释放出更大的潜能。所以,在激发员工潜能的过程中,首先要明确其意愿,顺从其意愿,才能挖掘其潜能。

通过提升员工工作意愿释放员工潜能,是很多管理者都关注的管理方法。然而,管理者虽然对提升员工工作意愿非常重视,但在实际工作中,常常会陷入一些误区,导致员工意愿得不到提升。管理者在提升员工工作意愿方面,往往有以下几种常见的错误做法:

1. 管理者不做努力,让员工自动自发地改善提升

这是在提升员工工作意愿方面最常见的一种错误做法。一些管理者虽然认识到了提升员工工作意愿对于激发其潜能的重要性,但是,企业并没有采取相关的行动,而是仅仅依靠员工自身,让员工自动自发地提升工作意愿。事实证明,这样的想法无异于痴人说梦。在企业没有任何激励制度,甚至在员工对当前工作状态不满的情况下,仅仅依靠员工的自我调节,是无法提升其工作意愿的。

2. 只喊口号,却没有共同的目标

管理者为提升员工的工作意愿,往往采用"喊口号"的方式,试图通

过口号燃起员工的斗志。但是，在喊口号的同时，却没有与员工设置一个共同的目标，这就使得口号过于空洞。喊口号成了管理者的"自嗨"，员工意愿仍然无法得到提升。

3. 激励措施不到位

要想提升员工的工作意愿，激励必不可少。但是，一些管理者既想提升员工的工作意愿，又想节省管理成本，对员工仅仅进行精神层面的激励，如口头鼓励员工。而物质激励，诸如提升工作水平、发放奖金等，却非常欠缺。事实上，大多数员工工作的最终目的，都是要提升自己的经济水平，改善生活条件。所以，仅有精神激励，没有物质激励，对员工仍然没有较大的激励作用，其工作意愿的改善与提升也就没有明显效果。

提升员工的工作意愿，管理者要针对员工的实际情况，想员工之所想，从多个方面进行努力。

与员工共同设置工作目标

员工工作状态懒散、工作意愿不强烈，缺少工作目标或者不认同工作目标是一个重要原因。当缺少明确的工作目标时，员工在工作中往往会漫无目的，无所适从；而当员工对当前的工作目标不认同时，往往对工作没有积极性，甚至会出现逆反心理。

张言是一名化妆品销售员，由于天生爱美，所以，张言非常喜欢化妆品销售工作。但是，由于公司的销售目标制订不合理，对张言的工作意愿产生了极大的负面影响。张言所在的公司，销售员的月平均销售额在2~3万元之间。而公司销售主管为了提升销售业绩，在没有征求基层销售员意见的情况下，突然发布了一条新规定，规定每位销售员的月销售额不得低于5万元。这样的销售目标，几乎是不可能完成的，所以，引起了销售员的强烈不满。销售主管本想通过提升销售额指标，来提升员工的工作意愿，激发他们的潜能，没想到却适得其反，非但没有提升员工的工作意愿，反而打击了员工的积极性。

从上述案例中可以看出，一个明确的、合理的、被员工认同的工作目标,在提升员工工作意愿方面具有重要作用。所以,为了有效提升员工工作意愿,管理者必须要与员工共同设置工作目标。

首先,管理者要与员工进行探讨,明确实际工作情况,倾听员工在工作中遇到的问题,以及完成工作目标过程中存在的障碍,再结合企业发展要求,明确工作目标的大致范围。

其次,依据 SMART 原则(见图 1-1)设置工作目标。

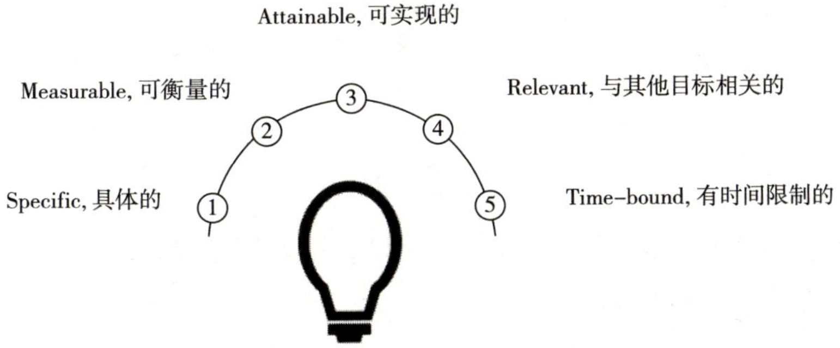

图 1-1 SMART 原则

最后,就工作目标与员工进行交流。让员工明白:各自目标的完成在部门目标和企业目标中的重要性以及各个目标之间的逻辑关系;为了达成目标,企业和部门希望员工做什么、怎样做才是正确的、有什么衡量标准和纠正措施、为完成目标可以采用的方法、可能遇到的问题、企业和部门可以提供的资源支持。

给予员工适当的物质激励和精神激励

无论在什么情况下,激励都是最好的提升员工工作意愿的方法。管理者需要给予员工适当的精神激励和物质激励,通过两者的平衡,不断提升员工的工作意愿。

物质激励就是满足员工的物质需求,对物质利益关系进行调节,从而激发员工向上的动机并控制其工作行为的趋向。物质激励通常包括以下几种形式,见图 1-2。

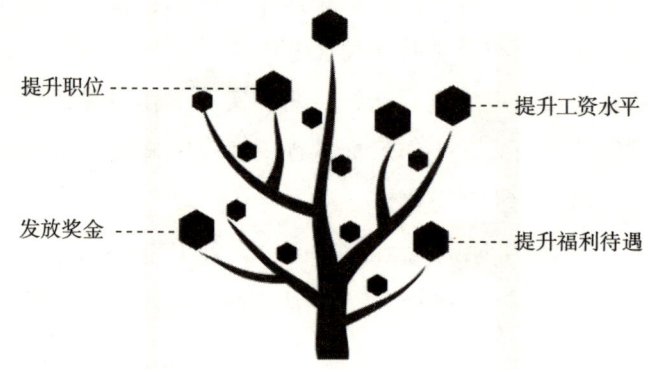

图 1-2　物质激励

精神激励以满足员工的精神需求出发，对员工的心理施加一定的影响，从而产生激发力，提升其工作意愿。精神激励主要有以下几种形式，见图 1-3。

图 1-3　精神激励

通过将物质激励与精神激励相结合，对员工进行激励，可以有效提升员工自信心以及工作意愿。

第1章 人性：用他的本能释放他的潜能

1.2 先获得员工认同，再激发员工潜能

认同，指认可赞同。心理学表明，大部分的人都会对自己认同的事情表现出更加积极的态度，而对于无法认同的事情，则表现得非常排斥。这一理论同样适用于员工释能方面。要想激发员工潜能，首先要获得他的认同。获得认同，能够拉近企业与员工的心理距离，在采取释能措施时，员工就会更加配合。

让员工认同企业文化，是留住员工的根本

要想释放员工潜能，首先要留住员工。而企业文化是留住员工的根本。现今，职场人员对于自己的职业发展要求，已经不仅仅局限于薪资待遇。企业还需要通过让员工认同企业文化来留住员工，提升员工对企业的忠诚度，进而在工作中释放其潜能。

海尔总裁张瑞敏认为员工认同企业文化是一件非常重要的事情。他在谈到自己的管理角色时说："我的管理角色，第一是设计师，在企业发展中使组织结构适应企业发展。第二是牧师，不断地布道，使员工接受企业文化，把员工自身价值的体现和企业目标的实现结合起来。"

可见，对于管理者来说，如何让员工认同企业文化、提高员工对企业的忠诚度，是一项至关重要的工作。

1. 通过企业文化体现企业与员工的价值

每个人都希望在获得物质基础的情况下，能够通过工作体现出更多的

个人价值。因此，要想员工认同企业文化，企业的文化就要具有崇高的愿景，能够体现企业与员工的价值。

华为创始人任正非在华为内部倡导"狼性文化"。华为的企业文化之所以能够受到员工的广泛认同，就是因为它显示了企业与员工的价值，能够激励员工共同追求卓越。"在电子信息领域实现顾客的梦想，并依靠点点滴滴、锲而不舍的艰苦追求，使华为成为世界级领先企业"的共同愿景，使华为员工深信，他们是在从事一项艰巨而宏伟的事业，是在创造一个世界级的企业。他们称自己为"华为人"，并为之自豪，企业文化将这些"华为人"紧密地结合在一起。

2. 让员工参与企业文化建设

建设企业文化并不仅仅是管理者的工作，还需要基层员工的广泛参与。一些管理者认为企业文化就是老板文化、高层文化，这样的想法非常片面。实际上，企业文化并非只是高层的一己之见，而是整个企业的价值观和行为方式。只有得到所有员工认同的文化，才是有价值的企业文化。有员工参与建设的企业文化才最符合员工心意，才能落地。因此，应让员工充分参与到企业文化的建设工作当中。

3. 将企业文化与日常工作结合

有价值的企业文化才能得到员工的认同。对于员工来说，衡量一个企业文化是否有价值，体现在企业文化能否帮助其做好日常工作，在职业发展中取得长足的进步。因此，企业文化要与员工的日常工作相结合，发挥其对日常工作的指导作用。

让员工认同领导，是管好员工的关键

作为管理者，通常有这样的体会：当获得下属认同时，管理的有效性就会更强。实际上，下属对你的认同程度，对管理的有效性会产生直接影响。要激发员工潜能，首先要管好员工；而要管好员工，获得员工的认同则是关键。作为一名让员工认同的管理者需要具备以下几种能力。

1. 专业能力

超强的专业能力是做好管理的基础，同时也是让下属服气的关键因素。如果上司的专业能力薄弱，甚至不如下属，则下属遇到问题时，不仅无法指导其解决问题，甚至还要请教下属。对于这样的上司，员工自然是无法认同的。因此，要想获得员工认同，首先要提高自身的专业能力，成为该领域的"专家"。

2. 协调能力

一个优秀的管理者必然要具备高度的协调能力，能够化解下属之间的争端与部门之间的矛盾。面对冲突时，要能够迅速找出冲突原因，化干戈为玉帛，甚至借力打力，因势利导，化分歧为合作，化阻力为助力。管理者具备这样的能力后，才能迅速获得下属的认同。

3. 决策能力

作为管理者，如果无法做出正确的决策，不仅会给企业造成经济损失，也会让下属的努力付诸东流，从而无法获得员工的认同。因此，要获得员工的认同，就要具备较强的决策能力。在制订决策时，不仅要学会利用现代决策分析技术进行科学分析，还要善于采纳建言，适时征询下属意见，群策群力，防误纠偏。决策一旦确定，就要勇于拍板，坚定不移地实施。

4. 执行能力

作为领导，仅仅"动嘴"是远远不够的，还需要有超强的执行力。具备超强的执行能力，能保证工作计划有效落地，实现经营目标。同时，还要具有强烈的责任心，做到对各种任务结果负责。这样的领导，员工才会心生佩服。

5. 培训能力

作为管理者，如果仅仅是个人优秀，那么只是让下属羡慕和崇拜。而在自己优秀的同时，还能帮助员工进步，才能真正让员工尊敬。培训是帮助员工进步的有效途径。可以通过一系列的教育培训、现场指导、内部交流、观摩学习的方式，培养员工岗位知识和专业技能。同时以授权管理的方式，让员工参与计划的制订和实施，实现员工的快速成长，激发员工的潜能。

6. 处置能力

海尔公司有这样一句话："重复出现的问题就是最大的问题，重复出现的问题是管理者的问题。"生产经营过程中，肯定会出现这样或那样的问题，如何解决问题，防止问题重复发生才是关键。所以，一个优秀的管理者，必须有缜密的思维，善于运用方法论，科学地分析问题和解决问题。分析的过程中要善于抓住问题的主要矛盾，解决的过程要重点监控关键环节。

1.3 给员工真正想要的，员工才会做你想做的

每个人对自己的未来都有许多期许与希望，物质上与精神上都会有各种各样的需求。归根结底，工作的最终目的就是满足需求。获取薪资酬劳是满足生活需求，实现个人发展则是满足精神需求。当员工的需求得到满足时，其对企业的满意度就会随之上升，工作积极性也会明显提高。但是，很多企业虽然在想方设法地"讨好"员工，仍然成效甚微。究其原因，是因为企业给的不是员工真正想要的。他想要"苹果"，你却给"香蕉"，真正的需求点得不到满足，积极性自然无法提高。

从马斯洛需求理论分析员工需求点

马斯洛需求理论，又称为基本需求层次理论，由美国心理学家亚伯拉罕·马斯洛提出。马斯洛需求理论表明，在特定的时刻，人的一切需要如果都没有得到满足，那么满足最主要的需求比满足其他需求更加迫切。马斯洛需求理论将人的需求分为五个等级，见图1-4。

通过分析马斯洛需求理论中的需求，可以找出员工的需求点，并有针对性地满足他。

马斯洛需求理论表明，一个人对于五种需求的程度，呈阶梯状按层次逐级上升，其中，生理需求往往处于最低等级，自我实现需求处于最高等级，见图1-5。

生理需求、安全需求以及情感需求都是低等级需求，通过外部物质条

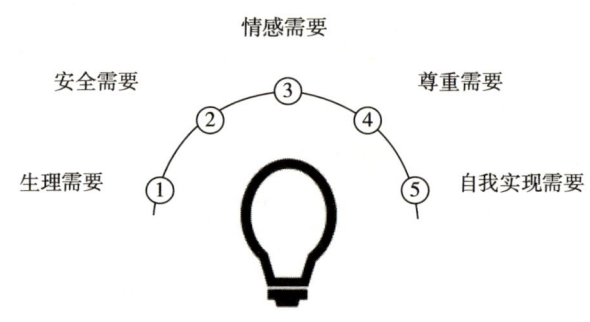

图 1-4 马斯洛需求理论

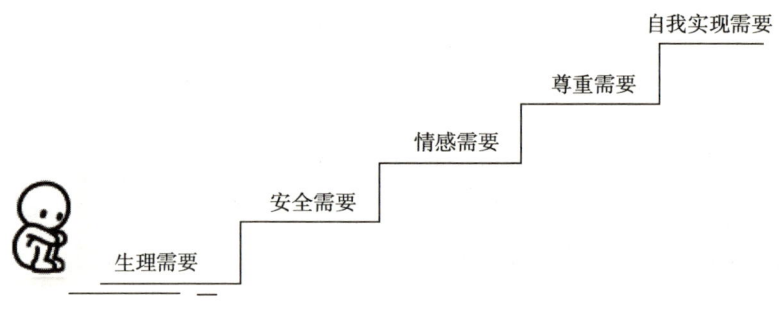

图 1-5 马斯洛需求等级

件即可满足。尊重需求和自我实现需求则属于高等级需求。要满足员工的尊重需求和自我实现需求，仅仅通过物质条件是无法满足的，还需要通过精神因素才可以满足。

马斯洛需求理论表明，通常生产指挥系统的管理人员对于安全需求、情感需求、尊重需求以及自我现实需求等方面较其他部门的人员更容易感到满足；年轻员工对于尊重需求以及自我实现需求比年长员工更为强烈；职位较低的工作人员的需求更容易满足。因为他们对生理和安全需求大于其他三个方面。

虽然，一个人在某一特定时期中，可能会出现多种需求并存的情况，但是对人的行为起决定性作用的需求往往只有其中一种。因此，我们在通过马斯洛需求理论寻找员工的需求点时，要在其多种需求中找出处于起决定性作用的那一种需求，并着重满足他。这样，就能够让员工努力工作，听从指挥，逐渐释放其潜能。

在利用马斯洛需求理论寻找员工的需求点时，还要注意以下问题：

（1）员工的需求可以认为是个人努力争取实现的愿望。

（2）当员工的低层次需求得到满足时，尊重需求以及自我实现需求等高等级需求才能发挥作用。当员工的生理需求、安全需求以及感情需求等低层次需求尚未得到满足时，直接满足其高等级需求，是无法发挥作用的。

（3）当员工的生理需求、安全需求、情感需求以及尊重需求全部得到满足时，就会产业自我实现的需求。因此，企业要给员工提供自我实现的舞台，让他的创造力、创新力、问题解决能力得到充分的发挥。

（4）一个人在不同的时期，处于不同的环境，其需求点也会发生变化。因此，通过满足员工需求点释放员工潜能时，要持续追踪员工动态，根据其需求变化及时转换管理方式。

知道员工真正想要什么，并满足他

通过马斯洛需求理论找出员工的需求点后，为了真正满足他的需求，还要知道他真正想要的是什么。

通常，一个员工在工作中真正想要的，莫过于以下几点：

（1）薪酬福利。薪酬福利对应马斯洛需求理论中的生理需求，这是一个员工需要通过工作最直接获得的东西。因此，在满足员工时，首先要满足其对薪酬以及福利待遇的需求。通过可观的薪酬以及优厚的待遇，解决员工在生活上的后顾之忧。

（2）安全感。这一需求对应马斯洛需求理论中的安全需求。如果员工缺乏安全感，"提心吊胆"地工作，自然是无法做好工作的。因此，企业要给员工充分的安全感。例如，对于生产车间的员工，要做好安全防范和安全措施、加强安全生产教育、组织以安全生产方式为内容的相关培训等。

（3）有个人的生活。一些企业给员工安排了高强度的工作，以致员工不分昼夜地工作，没有了个人时间。长此以往，员工会感到非常疲惫，工作效率也逐渐下降。实际上，员工都希望在工作的同时，能够有自己的个人生活，这也是马斯洛需求理论中情感需求的一种表现。因此，作为管理者，要把握工作的"量"与"度"，避免由于工作强度过大使员工失去了个人生活。

（4）诉求被倾听。相关研究表明，员工会对没有时间或者没有兴趣倾听他们说什么的上司产生反感情绪。所以，有时候不需要完全采纳员工的意见，只需要认真倾听他们的诉求，就可以满足员工的情感需求以及尊重需求。

（5）被指导而不是被"微视"管理。员工并不是企业的奴隶，而是与企业共同进步的伙伴。因此，在管理工作中，可以指导员工，但是要避免时时刻刻盯着他，否则，会让员工有被监视的感觉，尊重需求无法得到满足。

（6）得到公平的对待。每个员工都有得到公平待遇的需求，如果管理者无法做到公平，就无法得到员工的尊重与信服，员工自然不会乐意做管理者安排的工作。因此，管理者要公平对待每一个员工，做到一碗水端平。

（7）晋升。这是满足员工实现自我需求的最佳方式。每个员工都渴望进步，希望在职场中获得成就。因此，要尽可能多地为员工提供培训以及晋升机会，打通员工的晋升通道，让其不断突破自己，实现个人价值，在职场中闯出自己的一片天地。

1.4 "人性本懒",适当给员工施压

大庆"铁人"王进喜说过:"井无压力不出油,人无压力轻飘飘。"适当的压力能够变为动力,督促人前进。压力是相对的,所以对人的影响也是双向的。压力过大,工作劳心劳力,心烦意乱,会打压人的积极性;但是,适当的压力能激发人潜在的技能,让工作更上一层楼。所以,管理工作中,我们要学会运用压力、控制压力,用压力激发出员工的潜力。

适当的压力能够变成动力

适当的压力能够变成动力,对激发人的潜能、促使其进步具有积极作用。

1. 适当的压力能够激发创意和灵感

当人的思维处于放松和冷静的状态时,通常只能用常规的角度去看问题。而如果感到一定的压力时,则会被迫寻找一种新的角度去看问题,从而激发出创意和灵感。

2. 适当的压力有助于问题的解决

心理学家认为:适当的压力能够让人发现自己的价值。在毫无压力时,人们身体里的"懒虫"就会跑出来,不论是思考能力还是紧迫感都会有所降低。一定的压力能够提升紧迫感,迫使人们积极思考,寻找解决问题的方法。

3. 适当的压力有助于个人提升

任何一个成功人士都是在一定的压力之下不断突破自我的。俗话说："有压力才会有动力。"适当的压力能让人不断地提升对自己的要求，不断地积极探索。在这一过程中，往往能够获得个人提升。

利用压力激励释放员工潜能

适当的压力可以使人集中注意力，提高忍耐力，增强机体活力，减少错误的发生。压力，在某种程度上是个体对外界的一种调节需要，在不断调节的过程中，个体能够获得成长。作为管理者，要学会善用压力，利用压力激励释放员工潜能。

1. 在工作中注入压力，用娱乐化解压力

工作有压力，员工才有紧迫感，才能自觉完成各项工作。但是，如果工作中只有压力，员工的紧张情绪无法释放，久而久之，压力就会压垮员工。因此，在工作中注入压力的同时，还要学会用娱乐化解压力。

德国有一个新型科技公司，就非常注重通过娱乐来适当排解员工压力。在公司办公室里，除了敲打键盘的声音外，没有其他任何声音，而有些员工工作期间戴着耳机，一边听音乐一边工作。对于这种情况，公司并不制止，他们认为，已经给了员工一定的压力，督促员工努力工作，适当的娱乐可以化解压力带给员工的负面情绪，实现正向的压力激励。公司的这一做法果然奏效，在普遍工时非常短的德国，公司的员工却能够心甘情愿地每天工作 10~12 个小时。

除此之外，如果员工出色地完成了某项工作，上司还会在公司举行派对，给员工做"精神按摩"；公司提供餐饮，员工随时都能吃喝。专案经理罗丝说："我很喜欢现在的工作。虽然有压力，但是却可以排解掉，让压力变成动力。这样，即使我每天都工作12个小时，仍然感觉精力充沛，下班之后还有精力做其他的事情。以前的工作虽然朝九晚五，但是下班之后反而感觉非常累。"

所以，企业管理者不要担心员工被压力打垮，只要能给其排解压力的渠道，压力就能变成动力，变成激发员工潜能的最有效手段，更好地激发员工的潜能。

2. 利用末位淘汰制注入压力

末位淘汰制指根据绩效考核成绩，对考核成绩靠后的员工予以淘汰的制度。末位淘汰制是一种强势管理，可以给员工施加一定的压力，通过有力竞争让团队处于一种积极上进的状态，从而激发员工的积极性。末位淘汰制是一种非常有效的施压方法。

3. 让团队的"懒人"负责考勤

压力激励的一个主要对象是工作团队中的"懒人"，如迟到早退、工作懈怠、态度散漫等。让这样的人负责整个团队的考勤，实际上是给他施加了一定的压力，迫使他首先改掉自己身上的毛病，再去监督他人。

4. 紧张的工作中留出一些闲聊的机会

英国一位心理学家的一项研究表明："工作中，适度的闲聊有助于缓解员工紧绷的神经。"从事有关调查的伦敦大学沃丁顿女士说："经常在工作的空闲时间闲聊一些轻松的话题，表面上看起来对提升工作效率没有作用，但实际上却能有效缓解紧张的工作情绪，让人心情舒畅，工作更加顺心，并且创造力也会有明显地提升。"

我们要改变以往认为闲聊必然对工作造成负面影响的认知，在紧张的工作中为员工留出一些闲聊的机会，使其放松紧张情绪。

适当的压力能够转化为动力，督促员工不断进取。如果压力过大，员工长期在高压的环境下工作，就会适得其反，让员工对工作产生厌恶感、逃离感。所以我们要学会掌握压力的"火候"。总体上，要遵循以下原则，见图1-6。

对应实际管理工作，为控制压力的程度，就要将各项管理行为纳入平台中，管理者可以从多个层面了解员工的工作状态，并及时调整"加压"或"减压"。

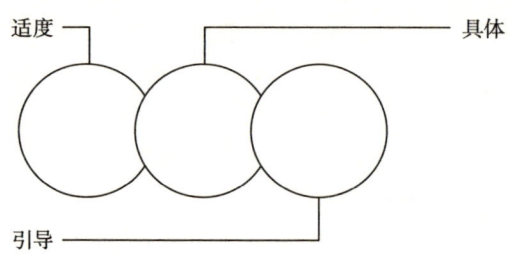

图1-6 压力激励的原则

首先,详细记录工作时间。工作时间是反应工作情况的重要内容。我们可以从对时间的安排上,了解到工作进程中容易忽视的地方,同时也可以根据时间的疏密判断工作强度,及时调整工作量。

其次,跟踪任务的进展情况。开展工作时,时间与人力都是影响压力大小的因素。因此,我们要持续跟踪任务进展情况,通过各种沟通渠道及时掌握工作信息,并做适当的调整。

1.5 五个维度说明人性对工作潜能的影响

人性,指人的心理属性。人性是一个人内在的驱动力,对其工作潜能的开发与释放具有至关重要的作用。管理的核心要以人为本,我们在管理工作中提到人性化管理,正是基于人性的基础,顺应人性特点,在对员工的积极影响与引导下逐渐释放他的潜能。人性对于工作潜能的影响,可以从五个维度说明。

生理维度

生理,指一个人的生命活动和各个器官的技能。生理是影响员工工作最直接的因素。人不是机器,机器可以持续做简单、重复的工作,但是,当一个人在不断重复单一的工作时,就会产生疲惫感,进而工作效率就会逐渐降低;而如果一个人可以把控自己的工作节奏与速度,在工作时不断调整自己的身体状态,就可以有效避免工作中出现疲累的状态,始终保持较高的工作效率。这就是人的生理对工作的影响。因此,要管好员工,释放他的潜能,首先就要从生理维度上调整他的工作状态。

王经理是一个部门经理。在平时的管理工作中,他认为要释放下属的潜能,提高工作效率,就要让员工持续不断地工作。因此,他规定下属在工作时间内除了上厕所、打印文件等之外,必须留在自己的工位上。并且,同事之间不得闲聊,个人也不得做与工作无关的事情,如玩手机、听音乐等。

但是，这样的规定并没有对释放员工的潜能、提升工作效率起到积极作用。反而由于工作时间长且枯燥，让员工感觉越来越疲惫，思维变得更加不活跃。

通过此事，王经理逐渐意识到自己的管理方式违背了下属的生理状态。于是，他修改了规定，规定员工可以在保证工作质量与效率的前提下，在工作中抽出一点时间用于闲聊，或者是听音乐，以放松长时间紧张的身心。当员工感到疲惫时，便可以停下来调节一下，自主掌控工作节奏。这样，工作不仅不会累，思维反而会变得更加活跃。

心理维度

心理维度指人的精神与情感状态。一个人或高兴、或难过、或自豪、或羞愧，这些都属于心理维度的内容。当员工工作中处于高兴、快乐这样积极的心理状态时，对待工作往往有更高的积极性，思维也会更加活跃，付出创造性劳动的概率就会明显增加；而当员工工作受阻，始终处于痛苦、失落的心理状态时，则会在痛苦中逐渐丧失激情，工作效率往往呈下降的趋势。因此，为实现员工释能的目的，就要积极关注他们的心理状态，当员工出现负面情绪时，要及时帮助其调节。

小张是一名销售员，工作中积极上进，但是，由于缺乏销售经验，抓不准顾客的心理，销售业绩一直上不去。这样的情况，让本来积极性非常高的小张感到很沮丧，逐渐丧失了自信心，工作也变得不如以往积极。

小张的变化，被他的上司看在眼里。为了帮助小张调节心理状态，他的上司主动约他谈话，对他说："小张，我知道你是一个要求上进的员工，你的这种精神是非常值得学习的。你的销售业绩上不去，一味地沮丧是没有用的。其实，你性格开朗，非常适合做销售工作，现在只是没有掌握销售技巧，缺少经验，只要多加学习，销售业绩一定会提升的。"

上司的话对于小张来说是莫大的鼓励，不仅让他感觉自己被上司欣赏、肯定，还找到了问题的根源。这让小张重拾信心，工作变得更加积极了。

小张的上司正是从心理维度对他的工作状态进行了调节,才让他走出了负面情绪,积极面对工作。

社会维度

每个人都是社会的一分子,不可能脱离社会而独立存在。每个人都渴望可以通过工作给自己带来体面的社会身份、地位。因此,获得社会身份认同,是激发员工工作积极性的重要因素。

当员工被问到:"您在哪里就职?"时,员工可以自豪地说出自己的工作单位、工作内容,其社会身份通过工作得到了认同,面对工作自然会更加积极。

因此,企业要不断增强自己的实力,做员工的"后盾",在社会上树立良好的形象,让员工能够为企业感到自豪。

社群维度

社群,指社会群体。每个人都需要有归属感,如果缺乏安全感,在社会生活中会感到孤立无援,久而久之,就会逐渐失去信心,变得孤僻、自卑。而这样的心理状态无疑会对工作产生负面影响。

因此,作为管理者,要让员工在工作中有归属感。可以经常组织学习会,让员工可以互相探讨、学习、交流,在工作中逐渐加深友谊,以此来让员工产生归属感;也可以经常进行团队建设,在互动中让员工感受团队精神,从而获得归属感。除此之外,还可以采取授权的方法,让员工具有一定的决策权,通过权力使其获得某种满足感。

经济维度

经济维度,顾名思义,指的是薪酬、福利待遇等。薪酬待遇是维持员工生活必须的物质条件,同时,也是工作最直接的目的。对于企业来说,一定的薪酬福利是支出,也是成本,但是,对于员工来说,却是尊严、面子、生活保障。因此，作为企业，要针对员工的工作能力、工作范围以及市场价格，给予员工可观的报酬；同时，不断完善各种福利待遇，诸如下午茶、公费旅游、团队建设等；除此之外，还可以引入股权激励机制，通过给予员工一定的股权达到有效激励的目的，提升员工工作积极性。

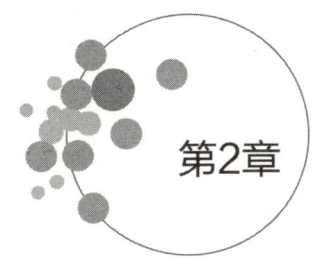

第2章

性格：找到"庸才"变"人才"的管理密码

性格是一个人在社会生活中最明显的人格特征，在一定程度上决定了一个人的工作性质与能力。性格外向的人与内向的人所适合的工作有明显不同，态度积极的人与态度消极的人面对工作的思考角度与行为做法也有明显区别。工作中，找到适合员工性格的管理方法，给他提供适宜的工作，就能有效释放其潜能，让"庸才"变"人才"。

2.1 性格决定工作方向，释能就是顺应性格特点

性格影响着一个人对职业的选择和适应，不同的性格适合的职业不同，同时，不同的职业对人的要求也明显不同。当一个人从事与自己性格不符的工作时，感受到的往往是困难、矛盾、工作成绩不理想；而当从事的工作与自己的性格特点相符合时，便如鱼得水，花费较少的时间和精力便能很好地完成工作。俗话说："人心不同，各如其面"。作为管理者，我们要做的就是找出员工的性格特点，并采用不同的管理方法，更好地释放员工潜能。

性格一：脾气暴躁，常与人结怨

每个企业都有脾气暴躁的员工，这类员工经常因为一点儿小事就会与其他同事发生争执。如果管理不当，则会影响整个工作团队的团结。对于这种性格的员工，当他们向你发牢骚时，你首先要静下心来聆听他们的谈话，让他们充分发表自己的意见。在这一过程中，作为管理者，不要打断他们的谈话，要给他们充分的时间宣泄自己的情绪。等到他们表达完自己的意见、情绪处于相对冷静的状态时，再针对具体情况确定最终的处理办法。

面对性格暴躁的员工，要注意不要试图改变他的性格，也不要表现出敷衍的态度，更不要在其表达观点时试图转移话题，而是要告知其如何控制自己的情绪。并且，要为这一性格的员工安排一些案头工作，减少与人

的接触与交往，避免在工作中与同事发生冲突。同时，还要鼓励其多多参与同事之间的活动，搞好同事关系。

性格二：自尊心重，内心敏感

这一性格的员工主要为刚刚步入职场的年轻人，他们对自己的未来抱有非常高的期望，认为自己是最棒的。面对领导或者同事对自己提出的意见、建议，会认为是自己的工作能力受到了质疑，因而变得非常沮丧，对工作失去信心，甚至会产生辞职的想法。

对于这类性格的员工，管理过程中要做到以下几点：

（1）跟他们沟通时，要更加注意说话的方式方法，避免由于措辞不当打击了他们的工作积极性。并且，在谈话过程中，要避免使用"你""我"，而是要强调"我们"，从言语中让其感到自己是企业的一分子，增加他们的归属感。

（2）当他们在工作中出现失误时，要避免直接批评，从而损伤其自信心。正确的做法是，全面顾及其自尊心，采用私下沟通的方式，讲明他们的错误，并引导他们找到正确的工作方法。

（3）日常工作中多赞美、肯定他们的工作能力，让他们在激励中更加积极地面对之后的工作。

性格三：消极悲观，缺乏自信心

工作团队中，总会有这样一类人：当大家做出了一项决策后，当其他人正在积极制订工作方法、畅想未来时，他却唱反调，认为这样做不行，风险太大；那样做也不行，成本太高；总之怎么做都不行。这类员工的性格就属于消极悲观、缺乏自信心的类型。对于这一类型的员工，管理中要做好以下工作：

（1）引导其遇事学会从积极的角度看问题，避免对任何事情都采取否定态度。

（2）当其对工作决策持反对意见时，要让其提出建设性的意见或建议。

（3）多赞美、多肯定，帮助其增强自信心，消除悲观的心态。

性格四：阿谀奉承，见风使舵

职场中，同事之间勾心斗角，其中不乏阿谀奉承，见风使舵的人。这一性格的员工，常常在得势者身边附和，在失意者面前耀武扬威。其心思并没有放在工作上，而是千方百计地想要讨好上司，为自己赢得私利。这一性格类型的员工，往往不会对企业的发展起到积极作用，甚至会影响团队成员之间的团结。

管理工作中，要尽量边缘化这一类型的员工，减少他与其他员工之间的交流。一旦发现其存在一些危害团队工作的行为，就要马上予以制止，并进行批评、惩罚，严重者可以选择辞退，以维护工作团队的稳定。

性格五：急功近利，不沉稳

工作团队中，不乏一些急功近利者。这一类型的员工往往具有非常强烈地证明自己能力的愿望，他们希望在短时间内能取得成就。但是，这一类型的员工在工作中具有两面性。如果能力运用得当，可以给企业带来可观的利润；如果运用不当，则会成为企业潜在的风险。因此，作为管理者，要非常注意这一性格员工的管理。

与这一类型的员工沟通时，切忌使用单刀直入式，避免让其产生上司妒忌自己才能的感觉，从而不接受你的提议。当他向你表达自己的想法时，要认真聆听他的建议，并适当予以称赞。但是，同时也要告诉他："心急吃不了热豆腐。凡事不能着急，按部就班才能做好工作。"

性格六：郁郁寡欢，自认怀才不遇

这类员工常常因为自己的才华没有受到应有的重视而终日叹息，工作中缺乏热情和积极性。

对待这一类型员工，与他们沟通时，要避免使用打击性语言，因为这样会让他们觉得被轻视，情绪低迷。正确的做法是，经常热情地与他们谈话，称赞他们的工作能力，尽量将一些重要的工作交给他们去做，以表达上司对他们的重视。当他们感到自己被上司重视时，自然会变得热情，有积极性。

2.2 尖锐型员工:"毛"摸顺了,"刺头"也能变尖兵

工作团队中,不乏一些性格尖锐、个性突出的"刺头员工"。这类员工由于自身个性以及背景等因素,属于比较难管理的类型。如何管理这类员工,处理好与他们之间的关系,在化解这一类型的员工所引发的组织冲突和内部矛盾的同时,充分激发他们的潜能,对于管理者来说,是一项非常具有挑战性的工作。

要管好尖锐型员工,首先要了解尖锐型员工的三种类型,知道什么样的员工属于尖锐型,并找出自己团队中的"刺头",再进行针对性地管理。

类型一:能力卓越型。这一类型的员工通常具有较强的工作能力,拥有良好的学历背景与专业技术,同时,也正是因为自恃能力超群而目中无人。

实际工作中,这一类型的员工通常是工作团队中的骨干,由于工作能力突出而深受上司器重。但是,这一类型的员工因为自身的能力以及上司的重视,往往在同事之间会产生一种优越感,表现为狂妄自大、冷漠自私,团队合作意识薄弱。

如果管理得当,可以令他们的聪明才智为企业发展做出巨大贡献;而如果不加以及时、有效地引导,便会破坏团队合作的氛围以及同事之间良性的互动。

类型二:背景资源型。团队中的一些员工因为个人背景的关系,可以

为企业提供生存发展所必需的资源，这一类型的员工称为背景资源型。

这一类型的员工是"刺头员工"中最为典型的一类。他们倚仗自己可以为企业带来资源，因而在同事之间耀武扬威，甚至上司都要"卖他三分薄面"。但是，他们对待工作往往敷衍了事，大事做不了，小事不想做，甚至犯了错，也因为其背景的原因而被庇护，从而引发团队管理中不公平的现象。

类型三：无欲无求型。这是指升职、加薪等任何激励形式都对他们无法起到作用的一类员工。这类员工主要包括一部分老员工和处于即将离职状态的员工。

工作团队中，总会有一些年纪较大，自认为资历深的老员工，安于现状，对工作没有任何追求，不论什么样的制度对其都无法起到作用。他们往往漠视企业管理条例，工作状态懒散，甚至将企业当成了他们的"养老院"。

还有一部分处于离职或即将离职状态的员工，他们早已"身在曹营心在汉"，精力已经不在当前的工作上。此时的他们不仅不会遵守企业的规章条例，甚至还会在同事之间传播负面情绪，影响团队其他成员的工作积极性。

无欲无求类型的员工，不仅不会对企业的发展发挥积极作用，甚至会对团队建设产生负面影响。所以，管理者要提高警惕并及时将其从工作团队中清除出去。

掌握管理尖锐型员工的三种技巧

如何管理尖锐型员工，是每个管理者都要面对的难题。很多管理者对于这一类型员工采取"一刀切"的方法，全部辞退。这样的方式看似效率很高，一劳永逸，但是同时也会损失一些"可塑之才"。因此，在管理尖锐型员工时，要"具体人员具体分析"，找到最合适的管理方法。

1. 能力卓越型：冷落 + 鼓励

能力卓越型员工具有非常强的专业能力，如果管理得当，会对企业的

第2章　性格：找到"庸才"变"人才"的管理密码

发展带来巨大作用。对于这类员工，切忌选择直接辞退的方式，要根据他们的专业技能以及心理状态，实施"冷落+鼓励"的双环管理套路。

首先，管理者要提升自身专业能力。面对能力卓越型的"刺头员工"，如果管理者自身的专业能力不过硬，就无法让这类员工服气。因此，要管理好这类员工，管理者首先要提升自身的能力，这样不仅可以让员工信服，还可以让其知道"天外有天，人外有人"，从而打消其狂妄的心理。

其次，善于利用"马蝇效应"。再懒惰的马，只要身上有马蝇叮咬，也会精神抖擞，飞快奔跑，这就是著名的马蝇效应。管理能力卓越型的"刺头员工"，可以利用马蝇效应，不断给他们提供具有挑战性的任务，引导并激发出他们强烈的欲望和能力。如此，既可以让他们在实战中不断锻炼并提升自己的工作能力，又可以让其在企业发展中发挥积极作用。

最后，利用冷落+鼓励的管理方式。任何人都希望得到别人的肯定和认同，这类员工也一样。为了消除其恃才而骄的工作态度，可以适当冷落他们。而冷落他们一段时间后，就要鼓励他们，避免消除他们的斗志。

2. 背景资源型：修整流程，清除不公平的土壤

背景资源型的员工之所以能够在团队中耀武扬威，究其原因，就是因为其背后拥有的资源为其做后盾。因此，要想管理好这类员工，就要修整现有的工作流程，让其不能因为背后的资源而目中无人。

首先，摆脱企业对其背景资源的依赖。这是改变其在团队中耀武扬威状态的根本方法。只要企业还在依赖其背后的资源，就无法改变他们的状态，因此，要着力提升企业的自主经营管理权限和核心市场竞争力。

其次，对于拥有企业特定资源的员工实施流程管理再造策略。对一些必须依赖某些员工才可以获得的企业发展必须的资源，可以进行优化配置，既控制资源的进出两端，也可以细化企业内部管理流程，然后对特定资源进行重新分配，通过这样的方式，企业掌握支配资源的主动权。

最后，对所有员工一视同仁，公平管理。背景资源型员工的存在，很可能会使得工作团队中出现不公平的现象，降低其他员工的积极性。因此，管理者要对所有员工一视同仁，避免因为员工拥有资源就偏袒他们。

3. 无欲无求型：完善奖惩制度

无欲无求型员工最典型的表现就是对企业现有的奖惩制度"无感"。任何奖惩都无法激起其斗志。因此，在管理这一类型员工时，就要完善奖惩制度。

首先，要激活企业的秩序与活力，建立新的愿景和目标，并重新分配每个员工的任务；完善、丰富奖惩的力度，把各项福利待遇与个人绩效考核成绩挂钩，打消这类员工把企业当成养老院的想法。

其次，对于处于离职阶段的员工，要充分分析其能力。如果其能力仍然对企业发展具有重要作用，则要对其进行挽留；如果员工已经无法挽留，则要为其灌输"站好最后一班岗"的思想，避免其在工作团队中散播消极情绪。

2.3　情绪化员工："通"比"堵"好

人,是感性与理性结合的动物,而情绪则是感性与理性的附属品。员工的情绪是员工每天精神面貌的体现,也是其工作质量好坏的关键。每个人都有情绪不好之时,这本无可厚非,但是有一些员工却过于情绪化,且把情绪带到工作中,影响了工作。面对这种员工,"通"比"堵"好,并要掌握好"通"的方法。

初创企业需要解决的困难是很多的,除了市场与资金,最难的就是员工管理的问题。言修是一家创业型公司的管理者,他们公司就有一名情绪化的员工。这名员工技术很好,是公司产品研发的核心人员,但是却常常因为个人情绪的问题而导致产品研发出现问题。言修为难的是,因为公司急需技术人才,而且对方技术确实好又不能辞退他,但是不开除他又影响产品研发进度以及团队气氛,言修找他谈了几次话也都没有用,所以言修很苦恼。

言修遇到的问题在大多数的初创型公司管理者身上都出现过,其实解决这个问题的方法并不难,只要学会如何处理员工情绪的技巧即可。

4A 模型处理好员工情绪

面对情绪化的员工,管理者要做的第一步就是处理好员工的情绪,可以按照 4A 模型进行。

(1) Aware 识别情绪:只有识别出员工的消极情绪,才能开始处理这样消极的情绪。可通过日常对员工行为举止的观察来识别情绪。当员工产生消极的情绪时，一般都会体现在行为举止中，如总喜欢抱怨和唉声叹气，一段时间工作很积极一段时间又很消极等，这些都是情绪化员工的特质。

（2）Accept 接受情绪：接受员工的情绪而不是压制，否则会引起员工情绪的反弹。员工在工作中产生消极情绪是正常的，理解员工，员工才能感受到你的理解，从而接受你的帮助。

（3）Analyze 分析情绪：找出员工消极情绪的来源。一般来说，以下四种心态是产生消极情绪的主要来源，见图 2-1。这四种消极心态会让员工产生消极情绪，并且还可能通过员工日常的互动沟通在员工之间传播开，一旦蔓延到整个团队，团队的氛围必然受到重挫，此时不但员工个人能力得不到提升，还会影响到整个团队的士气。

坏人心态
上位者只知道压榨员工，
自己的问题还要让员工背黑锅

无助者心态
我只是一名小员工，人微言轻，出
了问题我也帮不上忙，我出了问题
别人也不会帮我

受害者心态
觉得是企业的问题，而不是
自己的问题，不应该由自己
来承担这些问题的后果

旁观者心态
出了问题是企业损失，赚
了钱也是企业获利，好坏
不关我事

图 2-1　消极情绪的主要来源

（4）Adjust 调整情绪：当管理者确定员工消极情绪来源时，就要着手调整，一般可以采取以下两种手段：

第一，保持及时、双向、坦诚地沟通。员工之所以会产生消极的心态，与无法跟管理者及时沟通有关。因此，做为管理者就要做好以下几个方面的工作，见图 2-2。

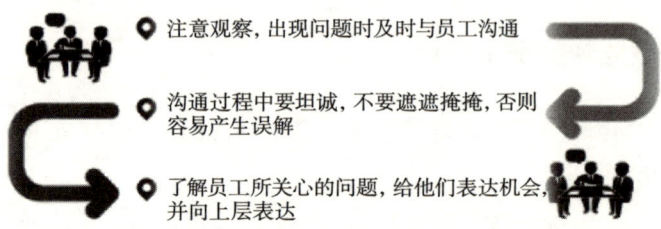

图 2-2　如何与员工及时沟通

第 2 章 性格：找到"庸才"变"人才"的管理密码

第二，引导员工关注目标而不是关注过去。员工产生消极心态，是因为他们把关注点和精力都放在过去发生的事情上了。做为管理者，应该引导员工多关注未来的目标，让其产生为目标努力工作的积极性。

PRO 模型处理员工问题

作为管理者，在处理好了员工的情绪之后，还要教会员工一套解决问题的思路和方法，让员工自己去处理导致其产生消极情绪的问题。这个方法就是 PRO 模型，具体可分为三个步骤：

（1）ProblemClarification 明确问题：员工在面对一些问题时，可能对问题还没有彻底了解就着急地去解决问题，结果自然是适得其反。此时，员工因问题产生的负面情绪也会呈倍数加大。所以，在明确问题时，一定要"谋定而后动"。企业管理者可以教授员工"三层过滤法"来帮助其明确问题，见图 2-3。

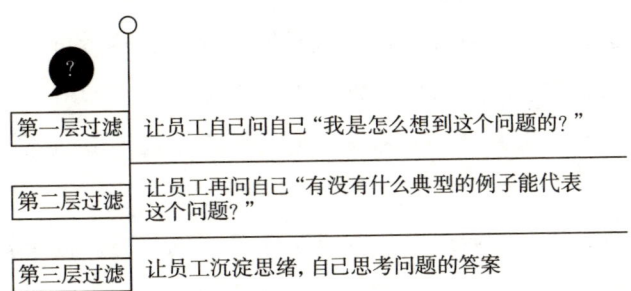

图 2-3　三层过滤法

（2）ReasonsAnalysis 分析原因：当员工了解需要解决什么样的问题时，就要全面地分析导致问题产生的原因。分析时要全面，否则就无法找到问题产生的真正根源，问题也无法得到彻底地解决。因此，在分析问题时，管理者可以告诉员工通过"不断探寻为什么"的方法来对问题进行分析，而在这个过程中又可分为两种具体的方法，见图 2-4。当员工通过这两种方法找出多个原因后，还需要去验证哪些是真实的，哪些是假设的，最后才能确定导致问题产生的根本原因。

水平法
不断变化分析问题的角度,如此可拓宽看待问题的视野,同时防止遗漏

垂直法
针对一个原因,不断深入地分析为什么这个原因会出现,背后是否还存在其他因素

图 2-4　分析问题过程

（3）OptionsSelection 选定方案：员工确定原因后，就要针对原因做出解决性的方案，在这个过程中可能会遇到以下两个类型的问题：

第一，方案不够理想。导致这个现象的原因可能有三种：一是匆忙地选择了一个方案，没有足够的时间去寻找更好的方案；二是依赖别人给的建议方案，没有自己去独立解决；三是循规蹈矩，没有突破思维的具象。面对这种情况，管理者就要鼓励员工独立地思考，突破思维局限。

第二，不会评估方案好坏。面对这种问题时，管理者可以让员工通过先量化指标再用优势替代的方法去评估方案。比如有 A 和 B 两个方案，在其他标准上都一样，但是 A 方案在某个量化标准上高于 B 方案，那么就是 A 方案比较好。

作为管理者，不只要自己掌握处理员工情绪的技巧，也要教会情绪化的员工找出并解决导致其负面情绪产生的原因以及方法。如此，才能带好员工，使其发挥出潜力。

2.4 自卑型员工：没自信，多给予肯定和赞美

美国哈佛大学的劳伦斯教授一直将自己的研究工作专注于影响工作业绩的关键条件上。他指出，导致一个人工作业绩好坏的因素主要来自于自信。自信，是人表现出的一种积极性，是人在自我评价方面的积极态度，是发自内心的自我肯定与相信。自信，无论在人际交往方面、事业上还是工作上都至关重要。只有相信自己，才能把工作做得更好，同时，也会让他人相信你。从职业的观点看，一个人自信心的提高，会使其对自我的把握能力加大，这种自我把握能力是一个人对自己准确评估与预见的能力，它会在人的内心产生一种能动的力量，促使个人向完善发展。自信心可以帮助人们充分认识自己的长处，并发挥潜能。

但是，职场中不乏一些自卑型员工。这类员工缺乏自信，面对工作畏首畏尾，常常由于信心不足而导致工作失败。对于这一类型的员工，上司要多给予肯定和赞美，帮助其树立自信心。

充分肯定下属出色的工作

帮助下属建立信心的有效途径之一，就是充分肯定他出色的工作。当下属的工作得到上司的肯定后，会让他认识到自身对于企业的价值，肯定自己的能力，从而逐渐建立自信心。如果下属完成的工作非常出色，但是，身为管理者的你却从来不注意，或是看到了也没有任何表示和态度，那他们很快就会觉得没有必要这样卖力地工作，因为即使卖力工作，上司

也会视而不见。长此以往，工作质量就会慢慢下降。

有的管理者不仅没有对下属出色的工作成绩报以肯定的态度，甚至还将他们的工作成果据为己有，成为一个"摘桃子"者。这样不仅无法帮助下属建立自信心，反而会伤害他们的感情与积极性，让其变得更加封闭。

因此，为帮助下属建立自信心，就要在下属取得工作成绩时，充分地予以肯定。向下属表达自己对其工作能力的肯定。主要有以下两种方法：

（1）口头表扬。这是向下属表达赞美与肯定的常用方法。不仅成本较低，而且非常便捷，适用于日常工作。口头表扬员工时，要结合他的具体工作，使你的赞扬显得更加有说服力。例如，可以说："×××，你最近一段时间的工作非常出色，特别是上周的报表，内容详细、格式清晰，非常不错。"

（2）物质奖励。当下属在工作中取得一定成绩后，可以通过加薪、奖金等物质形式表达企业对他工作能力的肯定。这样，不仅满足了其生活需求，还让他充分认识到自己对于企业的重要性，从而变得更加积极自信。

让下属承担富有挑战性的工作

实际上，每一个人都希望表现自我、超越自我，从而使自己的能力得到他人肯定，自卑型员工也不例外。因此，为他们创造可以挑战自我、展现自身能力的机会，是帮助他们建立自信心的另一有效途径。让下属承担一些富有挑战性的工作，不仅可以表达对下属的重视，还可以激发他们潜在的好胜心。

让下属承担对他们来说相对困难的工作，可以激发他们的工作热情，激励他们在今后的工作中更加勤奋努力，从而树立坚定的自信心。

在确定工作内容时，首先要了解每个员工的实际工作能力，为其选择工作要求稍高于其工作能力的工作。但是，工作要求不能远远高于员工的工作能力，如果二者差距较大，员工通过努力也无法完成，这样不仅无法帮助员工建立自信心，还会让他们对自己的工作能力产生怀疑，从而变得更加自卑，结果反而适得其反。

第2章 性格：找到"庸才"变"人才"的管理密码

日常工作中多褒少贬

相关研究表明：当一个人听到别人鼓励、褒奖自己时，往往认为自己某一方面的价值得到了他人的肯定，从而获得内心的满足与自信；当一个人受到斥责、批评时，则会产生自责、愧疚的情绪，从而对自己的能力产生怀疑，变得更加自卑。

一个聪明的管理者，面对自卑型员工，往往会实行"多褒少贬"的管理政策，即多褒奖、少贬斥。也就是说管理者不会在一些小事上对下属"横挑鼻子竖挑眼"，即使下属犯了错误，也多是鼓励、帮助其寻找解决的办法，而不是打击他们的自信心。

不要无谓的非难下属

每个人都会犯错，当员工犯错时，正是帮助他们建立自信心的好时机。对于下属的犯错，假如你熟视无睹，不加以斥责的话，就会使下属缺少警惕性，很可能还会重蹈覆辙。为了使你的下属不被同一块石头绊倒两次甚至多次，你一定要深究造成失败的原因，促使他进行深刻地反省，所以，斥责犯了错误或者失败了的下属是有必要的。

但是，斥责不等于非难，斥责和非难这两者之间的区别是显而易见的。从对象的角度和心理去考察，"非难"带有明显的攻击意味，攻击下属的失败，在结果上只能使他们产生逆反心理，使得批评的效果大打折扣。而正面的斥责，下属并不会因此而怀恨在心，反而会努力改正，提升自己。因此，正确地运用批评的武器是一种帮助下属建立自信心的方法。

为下属营造归属感

通常，一个人在熟悉的环境中，会比在陌生环境中更加自信。因此，为下属营造归属感，也是帮助其建立自信心的方法。

从员工的角度看，在企业中有归属感，意味着他们有权对自己的工作以及与之有关的事情做主，同时，在团队中还能拥有良好的人际关系。因此，管理者可以通过授权、赋能以及团队建设等方式为下属营造归属感。当员工在企业中有归属感时，往往会激发其自豪感与自信心，促使其用自己的判断和能力去解决团队面临的困难和难题。

　　世界著名的IBM公司在营造员工归属感方面有着独特的方法。对员工管理方面，IBM公司没有严格的规章制度，以员工相互之间的信任和支持作为员工管理的有效方法。在其公司内部，充满着家庭般的气息和民主的氛围，虽然公司也面临着激烈的竞争压力与市场的挑战，但员工们都用团结互助的团队精神与自信心面对工作。

2.5 消极型员工：主动引导，多给刺激

一个企业中，有积极上进型员工，也有少数消极型员工。消极型员工面对工作往往具有消极的工作态度。员工的消极工作态度，指员工在工作中通过经验积累而形成的对工作持有稳定的、消极的评价和行为倾向。转变员工消极的工作态度有助于提高员工的工作积极性，消除员工的消极行为，使员工形成有利于企业发展的积极行为。

曾经有这样一个故事：两个欧洲推销员到非洲去推销皮鞋，由于非洲气候炎热，干旱少雨，人们一向都打赤脚。第一个推销员看到非洲人都打赤脚，立刻失望起来："这些人都打赤脚，有谁还会买我的鞋？"于是失去了信心，失败沮丧而回；另一个推销员看到非洲人都打赤脚，惊喜万分："这些人都没有皮鞋穿，这个皮鞋的市场大得很呐。"于是信心百倍，想方设法引导非洲人购买皮鞋、穿皮鞋、广泛宣传穿皮鞋的好处等，最后发了大财。

从这个故事中，可以看出积极的工作态度与消极的工作态度对最终工作结果的影响。积极的心态可以促使员工用一系列积极的方式面对工作，从而获得良好的工作成绩；消极的工作态度会让人变得愈发萎靡不振，失去了思考与奋斗的动力。因此，对于企业中的消极型员工，管理者要主动引导，多给刺激。

参与实践法：促使员工积极参与工作

消极型的员工往往抱有"多一事不如少一事"的想法，不会主动参与到企业的各项活动中。因此，在引导消极型员工时，就要让其积极参与工作实践，在实践中不断认识、了解工作。从工作中得到启发和教育，进而转变他的消极态度。

为了让消极型员工能够积极参与到工作实践中，可以采用以下几种方法：

（1）让员工参与管理工作。当员工身处管理岗位时，其拥有的权力和担负的职责就会加重，这无形中就会激发消极型员工的责任心，促使其用更加积极的态度面对工作，并以身作则，做好分内的工作。因此，可以根据员工自身的能力，对其进行适当的授权，给其一点权力，让其参与到管理工作中。

（2）丰富工作内容。相关研究表明，如果一个人长时间从事重复、简单的工作，久而久之就会对工作失去兴趣，滋生消极情绪。因此，面对消极型员工，要不断丰富他们的工作内容，让其尝试不同的工作，保持对工作的新鲜感和兴趣。

（3）提出合理化建议。面对消极型员工在工作中的不良表现，作为管理者，不能视若无睹。直接向其提出一些合理化的建议，阐明其在当前工作中存在的问题，是引导消极型员工向积极态度转变的最直接的方法。

强化法：促使员工消除消极情绪

对于消极型员工，只有引导是不够的。必要时，要对其情绪进行一定的强化，从外力上帮助其快速消除消极情绪。

强化法包括正面强化和负面强化两种方式。

（1）负面强化。指当员工产生消极行为时，针对其工作行为，给予一定的批评、罚款、停职、降级等处罚，让其认识到他的消极行为给企业带来的损失，以及对其个人职业发展带来的危害，从而迫使其消除消极情绪与行为。

（2）正面强化。指用积极的方式对员工的消极行为做强化。如奖金、晋升、表扬、认同等。正面强化能够避免消极型员工受到伤害，从正面引导其向积极态度转变。

目标导向法：将员工的工作与其个人利益结合起来

通常，员工对工作提不起兴趣，是因为他们认为是在给老板工作，自己并不能从工作中获益。一旦将其工作与利益挂钩，他们就会变得非常积极。因此，在给消极型员工派发工作任务时，要将他的工作成绩与他的切身利益结合起来，把做好工作变成他的主观需要，从而形成积极的态度。

艾米是一家外企公司的中层管理者，在员工管理方面有着自己独到的见解。艾米的工作团队中，有几个消极型员工，工作态度消极，面对工作提不起精神，工作成绩欠佳。艾米为了激发他们的积极性，在派遣工作任务时，总是将其最终的工作成绩与他们的奖金挂钩。例如，在产品销售方面，艾米会预先设定一个销售额，在规定的期限内，如果员工没有达到该销售额，则要受到一定的处罚，包括扣除奖金、降职甚至辞退；如果员工达到了该销售额，就可以获得一定的奖金，且成绩越高，最终获得的奖金就越多。

这样一来，团队中那些消极型的员工为了避免受到惩罚，同时也为了拿到更多的奖金，都一改消极怠工的状态，积极地投入到产品销售工作中。

宣传教育法：用正面的宣传教育改变员工态度

企业文化不但影响员工对组织的承诺和忠诚度，而且还会促进企业内部知识的流动、交换和创造。企业应该重视企业文化对员工思想行为的影响，利用企业文化教育员工，用积极的态度影响他们，使他们对企业形成正确的认识，改变以往对于工作的错误看法，从而转变自己的消极态度。

榜样示范法：用榜样的力量对消极型员工产生积极影响

有句俗话说得好："榜样的力量是无穷的"。喊一万句口号，不如一个实实在在的榜样对消极型员工的触动大。我们可以在企业中树立一些有血有肉、态度积极、爱岗敬业的先进榜样，并通过各种渠道使消极型员工了解榜样对于工作的积极思想、情感以及行为，让他们在心灵深处受到触动。

谈心法：说出他的问题，并表达你的关怀

消极型员工除了对工作提不起兴趣，往往还会对自己在工作团队中的存在价值产生怀疑。作为管理者，要经常与他们谈心。不仅要指出他们对工作的消极态度与行为给企业造成的不利影响，还要表达对他们的关心，让其感受到温暖，从而主动改变消极的工作态度。

信息沟通法：积极交换工作信息，让消极型员工动起来

让员工积极投入到工作中，除了激发其自身的能动性外，还要利用外部因素加以干涉。可以加强员工之间工作信息的交换，在持续的互动中让消极型员工动起来，积极投入到工作中。

2.6 孤僻型员工：拉近距离，温柔以待

在一个工作团队中，往往会存在少数性格孤僻的员工。性格孤僻型员工通常更加关注自己内心的感觉，对周围环境的变化非常敏感，对自己的工作想法非常坚持，轻易不会妥协。性格孤僻型员工的创造力往往更强，如果管理得当，会对团队工作质量的提升起到积极作用。但是，性格孤僻型员工通常习惯单独行动，团队协作能力较差。并且，由于他们冷僻的性格以及犀利的言语，常常会给团队造成一些消极影响。作为管理者，要注意管理孤僻型员工的技巧性，帮助其调节工作状态。

拒绝先入为主，认为孤僻型员工难相处

如何管理孤僻型员工，是让很多管理者感到头疼的事情。由于孤僻型员工常常独来独往，与同事之间的沟通互动较少，使得一些管理者先入为主，认为这样的员工非常难相处。因此，在平时的管理工作中，便有意疏远他们。

但是，实际上孤僻型员工多属于自我型人格，他们往往对个人的内在思想世界很留恋，有着丰富的内心世界。工作中，他们习惯独立思考，与同事互动沟通的频率便有所降低。但是，这并不代表性格孤僻型员工就难相处。相反，他们往往对人非常敏感，能够清楚地识别虚伪与真诚，如果你能够真诚地与他们相处，便可以得到积极的回应，实现良性互动。随着对他们了解的逐渐深入，还能够发现他们平常不为人知的才能，如果能够

正确引导，便可以充分释放他们的潜能。

因此，管理孤僻型员工时，切忌先入为主，给他们打上"难相处"的标签。

施以温暖，拉近与孤僻型员工的距离

管理孤僻型员工最有效的策略，就是施以温暖，让他们感受到你对他们的关心和体贴。管理者可以在日常工作中表达对他们的关心，为他们做一些实实在在的事情。例如，当他们遇到困难时，及时伸出援手，与他们一起渡过难关；时常关心其家人，让其感受到团队的温暖。这样，可以迅速拉近与他们的距离，促使他们逐渐融入到团队中来。

管理孤僻型员工时，任何情况下都不要对他们的表现流露出漠不关心的态度。例如，当他们对你陈述自己关于工作的想法时，如果你的态度非常冷漠，没有积极回应，会极大地伤害他们的感情，以至于在以后的工作中，他们有意地疏远你，变得更加孤僻。因此，多一些宽容，多一点耐心，能够让孤僻型员工变得更好。

对他们的成绩给予充分的肯定

性格孤僻型员工很重视管理者对自己的评价。作为管理者，给他们以正面的肯定，一定能够鼓起他们应对困难的勇气。因此，当他们在工作中取得一些成绩时，要及时予以肯定和表扬。

小刘是一个性格比较孤僻的员工，工作中，他更多的时间在自己思考，并努力完成自己分内的工作。虽然平时与同事沟通较少，在团队中也并不是那么"显眼"，但是实际上，小刘非常渴望得到领导对自己的认可。一次，生产设备发生了故障，导致整个生产计划停滞。在大家都为找不出问题原因而焦头烂额时，小刘连续三天独自在车间研究生产设备，终于发现了出现故障的原因，并找到了解决办法。

很快，公司的同事都知道了这个消息。但是，由于小刘平时性格比较孤僻，与同事交流甚少，同事跟他不熟悉，夸奖他的话，最后都没有说出口。就在小刘因为自己不被重视而感到沮丧时，他的上司张经理及时肯定了他的成绩。

张经理召集全体员工，开了一次表扬会。在会上表扬了小刘，并号召大家向小刘学习。通过张经理的这一举动，小刘感受到了领导对自己的重视，在之后的工作中逐渐变得开朗活泼。

批评点到为止，以免伤害感情

通常，性格孤僻型员工的自尊心更强，感情也更加脆弱。当他们一旦感觉到对方对自己不友好时，便会将自己"包裹"得更严，变得更加孤僻。基于这样的情况，在批评这一类型的员工时，要尤其注意方式方法。言辞过于激烈的批评，极易伤害他们的感情。

小周是一名办公室文员，性格内向孤僻。一次，小周的上司让她打印一些文件，下午开会的时候用。但是，就在小周打印到一半时，打印机出现了故障，而且故障比较严重，短时间内修不好。小周听到这一消息非常焦急，一直催促维修师傅赶紧修。但是，最终还是延误了时间，马上要开会了，文件还没有打印好。

小周的上司认为这都是小周的错，即使公司的打印机坏了，小周也完全有时间去外面的打印店将文件打印出来。于是，他当着办公室同事的面，大声地呵斥了小周。

在众多同事的面前被上司斥责，性格本就内向孤僻的小周感到无地自容。在之后的工作中，小周变得更加孤僻、自卑，最终选择了辞职。

为避免发生与小周同样的情况，在批评性格孤僻型员工时，要注意以下几点，见图2-5。

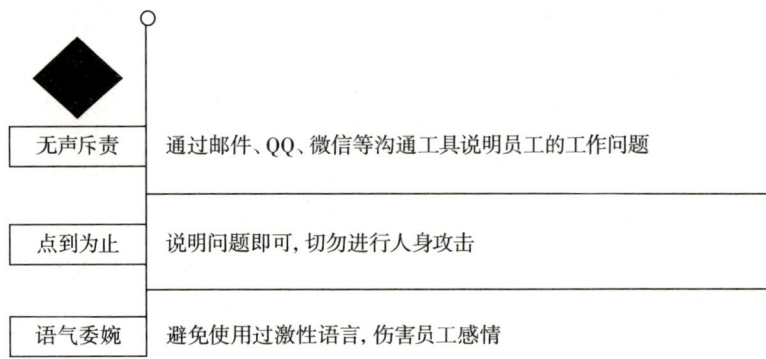

图 2-5　批评孤僻型员工时的注意事项

建立缓冲区，拉近距离要有度

性格孤僻型员工往往喜欢沉浸在自己的工作方式中，不喜欢被人打扰。作为管理者，拉近与他们的距离非常重要。但是，如果为了拉近距离，装出一副热情万分的样子接近他们，会让他们认为你是一个非常虚伪的人，反而引起他们的反感。因此，要在彼此之间建立一个缓冲区，找到最合适的距离，见图 2-6。

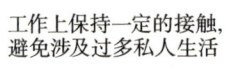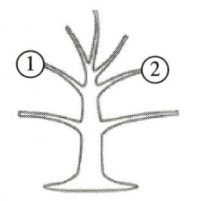

图 2-6　建立与孤僻型员工之间的缓冲区

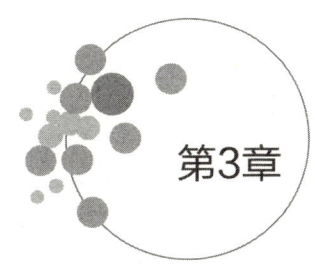

第3章

参与：让员工"插把手"，员工就更好"上手"

提升员工参与度，是释放员工潜能的一个重要方式。哈佛商学院的标志性杂志《哈佛商业评论》更是将其比作"当今职场中的圣杯"，以形容其难得和可贵。提升员工参与度，有利于留住人才，提高生产力；员工参与度低的企业，往往会遭受更多的金钱损失，并且团队士气低下，工作效率也低。让员工在工作中"插把手"，员工才更容易"上手"。

3.1 把员工当自己人，而不是局外人

参与，首先要信任。而信任，则表现为把员工当自己人，而不是局外人。你把员工当自己人，员工才能把企业当成家，处处为企业着想；你把员工当成局外人，事事刁难防备，员工自然就会"有外心"。双方相互猜忌，最终只能两败俱伤。因此，要通过提升参与度来激发员工潜能，管理者首先要学会把员工当自己人，而不是局外人。

作为国内电商巨头之一的京东，将"把员工当成自己人"这一工作真正落到了实处。京东掌门人刘强东曾做出一项决定：凡是在公司五年以上的老员工，如果生病保险报销之外的医药费，不管花多少，公司出！公司不会不管兄弟，不希望一人重病穷三代的事发生在京东兄弟身上！一日京东人，一世京东情！

格力电器作为一家大型的家电企业，同样也做到了这一点。其董事长董明珠，不仅每年为格力的员工涨工资1000元钱，还想员工之所想，为员工建房子，解决了员工切身的生活需求。

格力电器曾经出资2亿元，在珠海建立员工生活区——康乐园一期。该生活园区建筑面积达12万平方米以上，可容纳员工10000多人。园区内给员工提供单身宿舍、夫妻过渡房、各种文体娱乐设施，以及超市、医院、餐饮、银行等生活配套设施。在该园区，一套二居室的房租、水电费只需300元，而如果在附近租同样的房子，每月支出则要几千元。

京东与格力电器的这些作法，使其员工对企业的忠诚度及工作积极性

都明显高于其他企业。

把员工当成家人，关心员工的切身问题

如今，职场中，更多的是企业与员工之间的博弈，企业挖空心思要在员工身上多"榨取"一些劳动力，而员工则想方设法地偷懒，能少做就少做，能多捞一笔就多捞一笔。之所以出现这样的问题，归根结底是企业没有把员工当成家人，而是当成了外人。

关心员工的切身问题，要做好以下几个方面的工作：

1. 关注员工的物质需求

任何人只有在满足物质需求的情况下，才有时间、精力去做好自己的工作。员工工作的基本要求就是满足自己的物质生活需求，见图3-1。

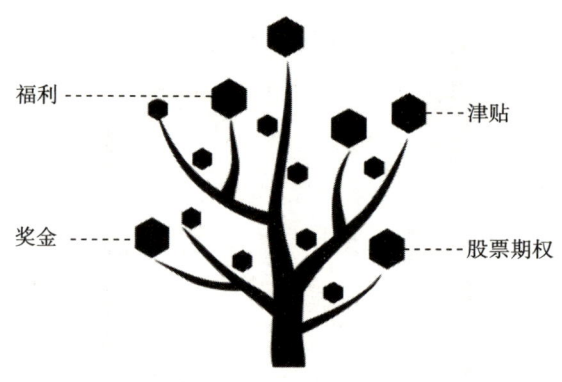

图3-1 员工物质需求

2. 员工遇到困难时，及时予以帮助

如果员工遇到困难迟迟无法解决，必然会影响其工作专注度。及时伸出援手，不仅可以让员工尽快走出困境，专心投入工作，还可以提升其对企业的好感度和忠诚度。

3. 关心员工的家庭

家庭是每个人的后盾，也是最牵挂的地方。如果能够在关心员工之余，对其家庭也付出一定的精力，则可以帮助员工解除后顾之忧，让员工心甘情愿为企业效力。

关注员工成长，为其提供发展机会

通常，一个人理想的工作状态，不仅是解决当前的生活问题，还希望可以获得发展机会，实现个人事业的成功。一个人在企业中如果无法实现个人成长，工作动力则会明显不足。

因此，要尽可能地帮助员工，为其提供发展机会。

1. 把员工当成自己的徒弟，传授其知识

作为一名管理者，不要把员工当成佣人，一味地命令其工作。而是要把他当成自己的徒弟，将自己所知道的知识传授给他，使其能够尽快成长。

2. 为员工创造培训机会

帮助员工实现个人发展的最佳方式，就是为其创造培训机会。员工通过培训，能够迅速获得大量知识，增加知识储备。因此，要尽可能地在日常管理工作中设置多种多样的培训。

认真听取员工的建议

如果员工敢于大胆地对团队问题提出建议或意见，不论提出的建议或意见是否合理，作为管理者，都一定要认真倾听，认真对待。对于好的工作建议一定要大胆尝试接受，对于不当的建议也要抱着感谢的态度去听。切忌认为员工对自己和团队提意见就是挑战自己，从而变得视而不见、听而不闻。

不要把员工当"保姆"

有些管理者在日常管理工作中，对员工吆五喝六，随意使唤。如此，员工心中肯定充满了不满情绪，从而对管理者有抵触情绪，最终影响到工作。

3.2 让员工了解决策的内容和原因

工作中，很多管理者存在这样的困惑：为什么下属总是不听话，好像有意在和我作对，就是不按照我说的去做？为什么下属总是做不好，做出的结果和我想象的不一样，相差很远，甚至南辕北辙？

实际上，不是下属不听话，也不是下属做不好，而是因为下属根本就不知道为什么要这样做。一方面，员工不知道各项工作的前后因果，对工作就没有准确的判断；另一方面，管理者不告知下属原因和内容，员工无法获得参与感。不知道事情的前因后果，马上让他按照你的设想去完成工作，几乎是不可能的。因此，在下达工作命令时，首先要让下属了解决策的内容和原因。

不让员工了解决策的内容，员工就做不好工作

只告诉员工工作决策，却不告知决策的原因，常常会出现以下问题：

1. 员工不知道该做什么

管理者常常在下达工作命令时，采用这样的词语：抓点儿紧。但是，却没有告知员工为什么要做这项工作，以及工作的紧急程度。"抓点儿紧"，究竟怎么做才算抓紧，你心里的抓紧与员工心里的抓紧很可能不是一个概念。可能你认为抓紧是要在一天之内完成，而员工却觉得三天之内完成就已经很抓紧了。这样的情况则会直接影响最终的工作结果。

2. 员工"以为"他们正在按照你的要求做

管理者很多时候只是简单地将决策内容告知员工，并没有将决策的具体内容以及前因后果讲清楚，以至于管理者认为讲清楚了，但是员工听得一头雾水。在完成任务的过程中，员工认为自己正在按照上司的要求工作，但是，最终的结果却与上司的要求相差甚远。

3. 员工认为自己的方法更好，你的方法不管用

管理者在下达工作命令时，常常会说这样的话：你按照×××的方法，把×××工作完成。其中，对于为什么要完成这项工作以及为什么要采用这样的方法完全没有提及。员工则会想："管那么多干什么，给你一个好结果不就行了。"于是，员工私自采用自己的方法工作，最终影响了工作效果。

4. 员工认为有更重要的事情要做

当员工不知道一项工作决策的前因后果时，往往不能对其紧迫性和重要性形成一个准确的判断。在这样的情况下，员工常常会根据自己的理解将手头的工作按照重要程度排序。这就出现了管理者向其要结果时，员工却说这项工作还没做，先做了另外一件他认为更重要的工作。

以上四种情况，全是因为管理者没有告知员工工作决策的原因和具体内容，没有让员工真正参与进来所导致的问题。毫无疑问，这些问题都会给工作结果造成严重的负面影响。因此，为了避免这样的情况，管理者在布置工作时，一定要说明决策的原因和内容。

学会向员工说明决策的原因和内容

由上文可知让员工了解决策的原因和内容的重要性。因此，我们要学会如何向员工阐述决策的原因和内容，让员工在第一时间内形成准确的认识和了解。

1. 结合当前工作情况，说明做出该项决策的原因

如果只向员工说明一项工作决定，而不对相关的因果关系进行阐述，

员工往往无法从全局的角度来看待该项工作决策，对该项工作决策无法形成准确的判断。因此，在向员工传达工作决策时，要结合当前的工作情况，从全局的角度出发，说明做出该项决策的原因。

首先，对当前大致的工作情况进行阐述。结合当前的工作目标，以及具体的工作进度，向员工说明为什么要做出该项工作决策，以及该项工作决策在整体工作计划中的重要程度。

其次，说明该项工作决策在实施过程中应该达到什么样的工作效果，提出明确的工作要求，以保证工作结果。

2. 用书面形式确认工作决策

向下属阐述工作决策时，仅仅只用几句简单的、笼统的话告知员工，其结果是员工没听清、没听懂，却又不好意思问，只好靠自己的臆想猜测，致使任务难以有效完成。因此，可将工作决策以书面化的形式进行确认，例如邮箱、电子版文件等，让员工对决策内容一目了然。

3. 确保员工听明白了

有时，管理者认为自己说清楚了，但是员工并没有听明白。即使将决策通过书面形式表达出来，员工仍然会有不明白的地方。造成这种情况的原因，一方面是因为书面表达不细致，另一方面是因为员工的理解有差异。

因此，为了确保工作任务的有效完成，必须让员工有机会将对决策的疑惑、疑问表达出来。可用复述和询问来了解他们是否真的了解了工作决策，比如进行以下询问：

（1）好的，我要说的就这些。为了防止偏差，请你复述一下我刚才的要点好吗？

（2）好的，我要说的就这些。对这个决策，你有什么意见或建议吗？

（3）好的，我要说的就这些。你有什么不清楚的地方吗？

4. 先征求意见，再通知决策

告知员工工作决策时，如果事先没有与员工进行必要的商议，会给员

第 3 章 参与：让员工"插把手"，员工就更好"上手"

工一种被动的感觉。员工会感觉这是在为上司完成任务，是上司交代的，即使有一定的积极性，但也只是机械地奉命行事，无法发挥出他们的潜能。管理者如果能在告知决策前，先征求一下员工的意见，他们就会有一种参与感，感到自己是这项工作的主人，感到上司对自己的信任和认可，是按照自己的想法做事，做得好不好关系着自己在上司心目中的形象，所以必须做好。这样一来，不但调动了员工的积极性，其隐藏的潜能也因此被调动起来。

3.3　不耻下问，善于向员工"求教"

增加员工的参与感，还体现在上司向下属"求教"的过程中。在实际工作中，很多管理者并没有向员工求教的意识。他们认为自己在单位里是"老大"，是管理员工、给员工发工资的人，因此就趾高气昂，目空一切，即使在工作中遇到了不懂的问题，也不会向自己的下属求教，认为求教于下属会很没有面子。最终，不仅没能增加员工的参与感，还错过了解决问题的最佳时机，给工作造成了不利影响。不耻下问，善于向员工"求教"，不仅有利于问题的及时解决，还能增加员工的参与感，拉近彼此之间的距离。

比尔·盖茨和他的团队带领微软公司创造了 IT 界一个又一个神话。作为微软公司的第一任华裔副总裁的李开复，除了景仰比尔·盖茨的商业成就之外，对其不耻下问的谦逊性格也非常敬佩。

李开复曾说："我有一个朋友，在微软专门帮助比尔·盖茨准备讲稿。这个朋友告诉我，每次演讲前，比尔都会自己仔细批注并认真地准备和练习。到台上讲话的时候，他都会讲得很好。而且，比尔每次演讲完，都会下来和我的朋友交流，问他自己今天哪里讲得好，哪里讲得不好。并且，比尔并不是简单地询问，还会拿个本子记录自己哪里出现了错误。一个人在事业上获得了成功，却还能这么敬业，这么谦虚，愿意向下属请教问题，这是非常难得的。因为很多人成功了就变得很自大，所以，我觉得比尔·盖茨是一个了不起的人。"

第 3 章 参与：让员工"插把手"，员工就更好"上手"

不管你取得了什么样的成就，总会遇到不懂的问题。不耻下问，不仅会让自己获得进步，还会让下属感觉被尊重、被重视，工作积极性也会愈发高涨。

坦然面对自己的不足，增强向下属学习的意识

实际工作中，能够做到坦然面对自己的不足，并且虚心向下属学习的管理者并不多。他们常常有这样的想法："我是他们的上司，我就应该什么都比他们强。如果有的地方还不如他们，那我怎么树立威信，下属还怎么尊敬我。"实际上，这是一个非常错误的想法。

俗话说："尺有所短，寸有所长。"即使是一个能力很强的人，他也会有自己能力薄弱的一面；一个能力较弱的人，也总会有他非常突出的一面。作为一名管理者，要做到业务能力、业务管理、项目运作、团队沟通、知识管理等多个方面的综合能力强于下属，并不代表事事要比下属强。要成为一名优秀的管理者，就要学会坦然面对自己的不足，增强向下属学习的意识。

约翰是一名中层管理者，他非常注重自身的学习。在工作中，约翰并不拘泥于向自己的上司或者从书本上学习，当下属在某一方面的能力表现出比他强时，约翰也会虚心学习。

一次，约翰要主持一个部门会议，但是，他对会议上需要做的一项总结总是做不好。这时，约翰想到自己的一个下属在总结归纳方面的能力非常强，于是，便虚心向其请教。通过这位下属的详细讲解，约翰掌握了归纳总结的要领，在短时间内总结好了会议上需要做的总结发言。

约翰的这一举动，不仅让自己学到了更多的知识，提升了自己的工作能力，还让下属感觉到自己被上司尊重、需要，工作积极性有了明显提高。而这一切，都归功于约翰本身坦然面对自己的不足的勇气。当他发现自己在某个方面的工作能力不足时，并没有感到羞耻，而是用积极的态度面对。当找到在那一方面具有较强能力的人时，即使那个人是自己的下属，他依然用虚心的态度向其学习，才有了这样良好的结果。

"求教"要掌握技巧，才能"一箭双雕"

作为上司，在向下属"求教"时，要掌握一定的技巧。如果方法不当，不仅无法提升自己的能力和增加员工的参与感，甚至还会起到相反的作用。

某经理一次因为寻找资料的工作犯了难，于是，他便向自己的下属请教。但是，在请教下属的过程中，他采取的不是虚心的态度，而是认为自己是上司，下属理应为自己服务。于是，便用傲慢、命令的语气对员工说："小×，你过来，告诉我关于这个内容的资料怎么找。"

他的这种态度，丝毫没有让下属感到他在向自己虚心求教，下属感受到的全是上司对自己的颐指气使与不尊重。因此，不仅没有了参与工作的积极性，甚至还对工作失去了热情。

这一案例就是向员工请教时采用态度不正确所导致的。作为上司，在向下属求教时，要忘记自己上司的身份，用虚心学习的态度向下属请教问题，这样才能够让下属感觉到被尊重，他才能毫无保留地教授你，同时，不断提升自己的工作积极性。

3.4 注重对员工的引导工作

员工，特别是基层员工，由于工作中所处的位置在一定程度上限制了其视野，因此，员工的主动性和积极性很难被激发出来，工作被动，"踢一下动一下"；基层员工不做或者马马虎虎地做，只能是管理者代劳或者"清理尾巴"，管理者也会非常累。所以，管理者在日常工作中，要注重对员工的引导工作，引导其跳出固有思维模式，开阔眼界，获得更好的发展。

引导员工树立远大的理想抱负

理想抱负，看似是非常空洞的内容，实际上却是影响一个人行为的深层原因。如果一个人没有任何理想，对生活和工作没有任何要求，其在工作中就会表现为得过且过、混日子。这样的状态非但不利于其个人的成长与发展，同时也是对企业资源的一种消耗，对于企业发展没有任何积极作用。而如果一个人拥有远大的理想和抱负，对自身的要求就会不断提升。在其不断取得自身进步的过程中，工作往往也会愈加出色。

因此，我们要引导员工树立远大的理想抱负，引导其正确处理好企业与个人之间的关系，将员工的个人追求与企业的发展目标相结合，加强员工与企业的联系。这样，不仅可以提升员工对企业的责任感，同时，在实现企业业绩增长的过程中，还可以实现员工的个人成长。

引导员工确定职业发展目标

职业发展目标，指个人在选定的职业领域内所要达到的具体目标，包括短期目标、中期目标和长期目标。一个清晰的职业发展目标，可以帮助员工明确个人职业发展途径，在引导其发挥自身长处的过程中，充分挖掘他们的潜力，实现人尽其才。在引导员工确定职业发展目标时，需要做好以下两项工作：

1. 精准定位，确定职业发展目标

职业发展目标通常是在进行个人评估、组织评估以及环境评估的基础上，由组织里的部门负责人或者人力资源部负责人与员工个人共同商定的。职业发展目标除了要与个人的发展意愿相符外，还要与组织目标保持一致。因此，企业要对其性格、知识技能、职业倾向等进行综合分析，员工个人也要进行自我测评。通过双向评估得出最终结果。

2. 开辟多条职业发展通道，确定职业发展路线

多条职业发展通道，为员工的发展提供了更多的可能性。如此，员工获得成功的几率则会大大增加，其积极性自然有所提升。具体到实际工作中，岗位可划分为三大类，见图3-2。

图3-2　岗位划分分类

引导员工构建职业知识体系

员工知识体系与岗位实际需求不匹配是企业人力资源管理面临的一大难题。引导员工构建职业知识体系，不仅有利于其职业发展，还有利于提升员工知识体系与岗位实际需求的匹配度，便于员工参与到工作中。

1. 精准培训，准确把握员工职业知识诉求

要从员工自身的职业发展诉求出发，改变以往"企业讲什么，员工学什么"的培训方式，而是以"缺什么补什么"为根本原则，通过培训重点提升员工在实际工作中的知识短板，实现培训和工作实践相融合，并注重培训后的效果转化。

2. 打造多元化、多阶段、多层次的培训体系

一个企业中，不同员工的知识储备、受教育程度以及工作经验大不相同，如果全部采用同一种培训方式，接受同样的培训内容，不利于尽快实现个人的成长。因此，要根据员工的实际条件，开展多元化的培训。

例如，对于新入职的员工，应该强化起点培训，采用传统课堂培训、导师制、教练传帮带、轮岗实习等多种形式，让他们尽快熟悉企业核心业务，掌握业务工作技能，适应岗位要求；对于那些有一定的工作经验、熟练掌握某项技能的员工，要聘请行业高级技师现场授课，使其尽快成为某一领域的骨干。

引导员工融入企业发展大局

提升员工的参与度，就要引导员工逐渐融入企业发展的大局中，当员工的个人发展与企业的整体发展融为一体时，员工自然会更加努力。因此，要不断提升其归属感，让他们真正"以企业为家"。

加强对员工的人文关怀。本着以人为本的原则，了解员工最关心、最紧迫、最现实的问题和诉求，加大对员工的关心力度，让员工在一个良好的环境中不断发挥自己的能力。

引导员工增强主人翁意识

提升员工的参与度，增强其主人翁意识必不可少。员工把自己当成企业的主人后，自然会更加努力将企业建设好。

1. 搭建平台，帮助员工实现个人价值

任何一个有志之士都希望能够实现个人价值，因此，企业要为员工搭

建可以发挥自己才能的舞台,让其能够不断锻炼和成长,实现个人价值。

2. 加大激励力度,增强主人翁意识

要适时加大对员工的激励力度,动态调整员工的薪酬结构,重点调整浮动工资比例,让他们切实感到"做和不做不一样,做多做少不一样",强化薪酬激励效果。同时,坚持"用业绩支撑、用数据说话"的原则,建立一套覆盖全员、全业务的考核指标,以数据形式呈现考核结果,打造一套卓越的绩效管理体系,用"激励"激发员工的工作积极性。

3.5 支持关系理论：管理效率＝参与程度

支持关系理论是由美国心理学家、行为学家伦西斯·利克特提出的一种企业领导方式理论。支持关系理论表明，在所有的管理工作中，对人的管理是最重要的中心工作，其他工作都取决于此。即使在做同一工作的各个单位中，生产效率高低不同，究其原因，主要也是因为管理者所采取的领导方式不同。当管理中重视以人为本，强调的是工作中的人际关系，监督只是一般性的，而不是严密的，其结果不但生产率高，而且团队凝聚力高，士气足，员工不安情绪少，跳槽者少；当以工作为管理中心时，监督者注重的中心是生产，对工作的技术更感兴趣，对员工的监督过于严密琐细，经常给员工施加不必要的压力，动辄批评和处罚，其结果是生产效率低，团队凝聚力较弱，员工工作积极性低，并且，员工对于企业的忠诚度不高，离职率高。通过支持关系理论可看出，管理效率与员工参与程度成正比，要想提升管理效率，就要提升员工的参与程度。

参与性的管理方式是效率最高的管理方式

按照侧重点的不同，企业管理方式可以分为以下四种，见图3-3。

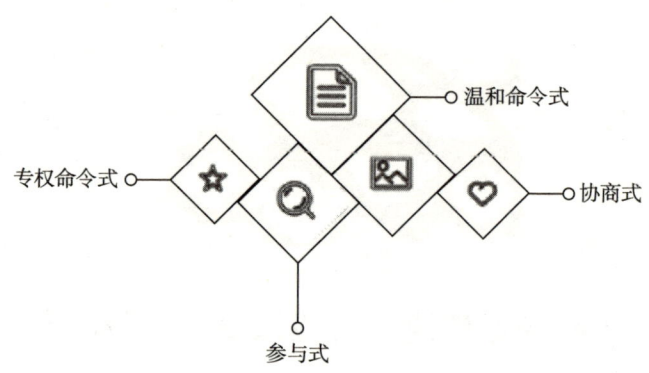

图3-3 管理方式分类

其中,专权命令式属于传统的领导方式,温和命令式、协商式在命令程度上虽然较专权命令式相比有所减弱,但在本质上都属于权力主义的管理方式。上司下命令,下属执行命令,下属基本上没有任何发表自己意见的机会。只有参与式,才是提升管理效率的最佳方式。其原因有以下几点:

1. 参与式的管理在对待所有成员、对待上级、对待工作、对待组织方面的相互信赖的程度高。

参与式管理的开展,有赖于各个方面的相互信赖。只有相互信赖,才能实现信息的交流互换,沟通也才能更加顺畅。上司信任下属,才能放心让下属参与工作,给其发挥的空间;下属信任上司,才能毫无保留地发挥出自己的才能。

2. 对组织及其目标极为明确,并能有效地调动所有主要的激励力量,彼此都很合作。

参与式管理中,各个工作目标已经事先进行了明确,各个方面的人员可以积极参与工作计划的制订以及工作方法的选择。通过多方商议,最终制订出合适的工作方法。并且,通过让员工积极参与,他们对工作目标的前因后果更加了解,有利于其寻找最佳的解决办法。

第3章 参与：让员工"插把手"，员工就更好"上手"

3. 该组织的工作群体的成员之间具有高度的群体忠诚度，上下级之间呈现出积极和信任的态度。同时表现出对团队的重视，以及在个人的相互作用和群体的活动等方面表现出高水平的技能。

4. 组织绩效的测定主要用来自我激励，而不是用于外部控制。

与其他管理方式相比，参与式管理的一个特点表现为员工自我激励的增强。专权命令式、温和命令式以及协商式三种管理方式，主要依赖管理者对于员工的外部控制来推进工作，而参与式管理，通过让员工参与到各项工作的决策与管理当中，增加主人翁意识以及荣誉感。由此，员工对自己的要求就会自动提升，从而依靠自我激励提升工作效率。

参与式管理要求组织成员都认识到自己肩负着重要使命和目标，每个人的工作对于组织来说都是不可或缺的。在处理上下级关系时，需要管理者做到以下几点，见图3-4。

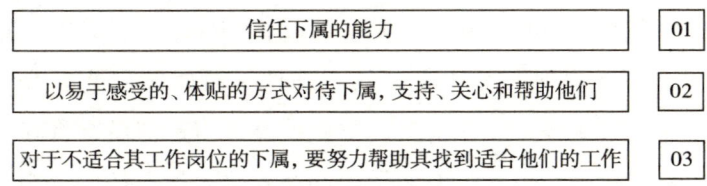

图3-4 参与式管理中如何处理上下级关系

合理开展参与式管理

由上文可知，参与式管理是提升管理效率的有效方式，因此，我们要将参与式管理引入管理工作中，合理开展参与式管理。

首先，掌握员工参与管理过程的四个关键要素。

该管理模式是通过增加组织成员对决策过程的投入，进而影响组织的绩效和员工的工作满意度。在员工参与管理的过程中，有四个关键性的因素，见图3-5。作为管理者，首先要掌握这四个要素。

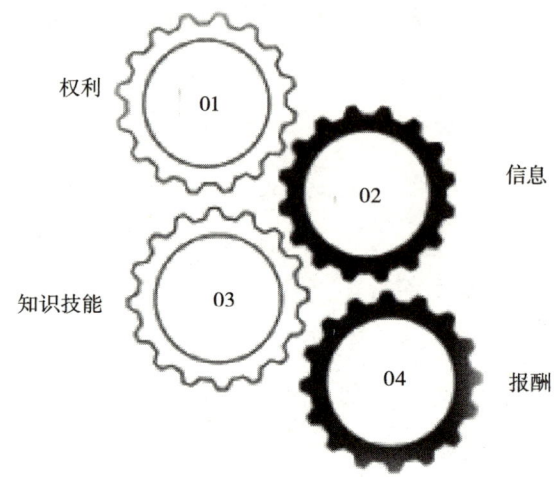

图 3-5　员工参与管理过程四要素

在员工参与管理的过程中，必须综合运用以上四个因素。如果员工参与管理工作时，仅仅有决策权和自主权，却没有完成工作所必须的知识技能和工作信息，则无法保证工作决策的正确性。而如果在员工参与工作时，给予了一定的决策权、工作信息、知识技能，但是却没有将其绩效考核结果与个人利益联系在一起，做多做少都对其收入没有任何影响，那他们同样也会丧失管理动机与工作热情。

其次，选对员工参与管理的主要形式。员工参与管理的形式有以下几种，可以根据实际的管理情况，合理选择。

1. 分享决策权

指下级在很大程度上分享其直接监管者的决策权。随着工作内容逐渐变得复杂，管理者常常无法及时了解员工所做的工作内容，所以选择最了解工作实际的人来参与决策，其结果可能是使决策更科学、更完善。在这一过程中，各部门员工相互依赖性不断加强，促使员工与其他部门的员工沟通加强。这就需要通过团队和集体会议来解决共同影响他们的问题。并且，如果员工参与了决策的过程，对解决问题的过程有了充分的了解，那么，他们就不会反对这项决策，因而决策的实施过程就会更加顺畅。

2. 代表参与

即并不是所有员工都参与管理过程,而是选取员工代表参与。代表参与常用的两种形式是工作委员会和董事会代表。工作委员会的作用是连接管理层与员工,从员工中选择一些员工参与其中,当管理者做出一定的工作决策时,就要与他们商讨。而董事会代表的是进入董事会的员工的利益代表。

3. QC 小组,即质量管理小组

指在生产或工作岗位上从事各种劳动的员工,围绕企业的方针目标和质量工作存在的问题,以改进质量、降低消耗、提高经济效益为目的,运用质量管理的理论和方法开展活动的群众组织。为了保证工作的灵活性,小组人员不宜过多,一般为 3~10 人。组长一般由全体组员选举产生,也可在成员同意的前提下,由行政领导提名。

4. 合理化建议制度,又称奖励建议制度、改善提案制度或创造性思考制度

当员工在实际工作中,发现企业的工作方法、设备工具、行政办事手续等方面存在问题时,有针对性地提出改善意见或者建议,称为"提案"或者"建议"。企业要对员工提出的意见进行筛选,从中找出合适的解决方法并实施,还要给提出意见的员工一定的奖励。

合理化建议制度是一种规范的企业内部沟通制度,旨在鼓励广大员工能够直接参与企业管理,下情上达,让员工能与企业的管理者保持经常性的沟通。

实施合理化建议制度时,要掌握以下几个要点,见图 3-6。

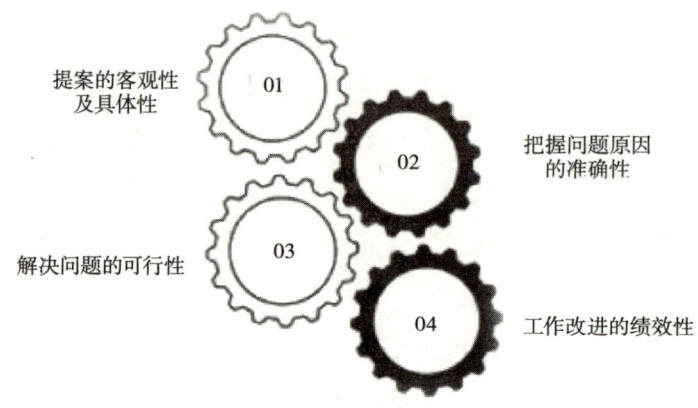

图 3-6　合理化建议制度的实施要点

最后,为了提升参与式管理的有效性,还应注意以下两点内容:

1. 选择适宜的参与方式

在员工参与企业管理工作时,员工个人的能力以及企业存在的问题类型是影响员工参与决策的两个重要因素。因此,在选择员工的参与方式时,要综合考虑这两个方面。充分考虑员工的实际情况,如受教育水平、参与企业管理的意愿程度、个人实际的管理经验等;结合企业存在问题的类型,进而决定是选择以控制为主的较低层次权力要求的参与管理形式,还是全方位式的较高层次权力要求的参与管理形式。

2. 注重对员工的引导、培训

为了让员工更好地参与企业管理工作,还需要对他们进行一定的引导和培训。虽然员工参与管理意识具有一定的自发性,但要保证员工参与管理的有效性,就必须在日常工作中注重向员工充分、及时、有效地传达企业内外部的有关信息,注重对员工进行适当引导,让其明确企业面临的市场形势、自身的工作目标及工作重点,增强其参与企业管理的目的性和方向感。

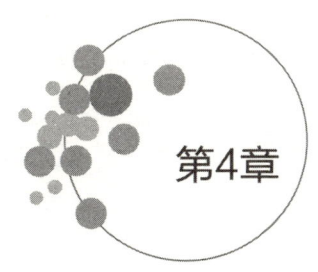

第4章

授权：学会"放风筝"，员工才能飞得更高

授权管理，是每位管理者都应学会的管理技巧。通过授权，一方面可以给予员工更多的权力，使其通过实操锻炼实现个人能力的提升；另一方面可以解放管理者，将管理者从繁杂的工作中解放出来，将精力集中在更加重要的工作上。可以说，授权的过程就是一个放风筝的过程，管理者既要学会放手，又要学会控制，如此，"风筝"才能越飞越高。

4.1 不放手，员工如何成长；不授权，员工如何独立

每个人都有进取心，都希望在工作中做出一番成绩。而事实证明，当一个人自主决策的权力越大，拥有的资源越多时，其获得的成绩往往也更加可观。授权，正是通过管理者放手让员工独立的过程。给其更多的权力和自由，员工可以实现快速成长和独立。如果管理者因为害怕员工犯错误等原因，拒绝授权，事事亲力亲为，不仅减少了员工的锻炼机会，还会增加自己的负担，让自己困在繁杂的工作中无法抽身。这样的做法无疑对双方都没有好处。

美的集团董事长何享健是授权管理的高手，甚至因为授权得当，被称为中国家电业内"最潇洒"的企业家。他从不用手机，也没有手机。

面对媒体时，何享健曾说过这么一段话："很多事，他们不用请示我。我要找人，几分钟就能找到。每天我一下班就回家，一步都不再离开。晚上从来不干活。"何享健之所以能够这样潇洒，正是因为其采用了授权管理模式，将自己从繁杂的工作中解脱了出来。

何享健高效的授权管理，在于其能够把职业经理人放得很远，同时又能拉得很紧。在美的，每个人证明自己的时间很短，基层的业务员一般只有3～6个月，事业部总经理也是一年一聘。管理者会对下属实行授权管理，给其充分的发挥空间。在规定的期限内，如果能够取得良好的业绩，就可以获得可观的奖金激励；反之，则会予以辞退。这样的模式，不仅有利于发挥员工的主观能动性，还能在释放员工能力的同时，解放了管理者。

美的授权管理取得的成绩，印证了授权管理在释放员工潜能方面的重要性。通过授权管理，给员工创造发挥的空间，是解放管理者，也是激励员工。

掌握授权方式才能正确授权

授权管理作用的发挥，要以正确、合理的授权为前提。授权不合理，不仅无法发挥积极作用，甚至会起到相反的作用。因此，管理者在采用授权管理模式时，首先要掌握授权方式，做正确的授权管理。

1. 授权，授的是哪些权力

这是授权管理中首要的问题，也是授权管理的核心。在企业的运行中，管理者能向不同层次的管理人员授出的权力，只有以下三种：

（1）人权，即人事管理控制权。具体包括以下几种，见图4-1。

图4-1 人权内容

（2）财权，即对资金支配使用的权力。具体可以细分为五个方面，见图4-2。

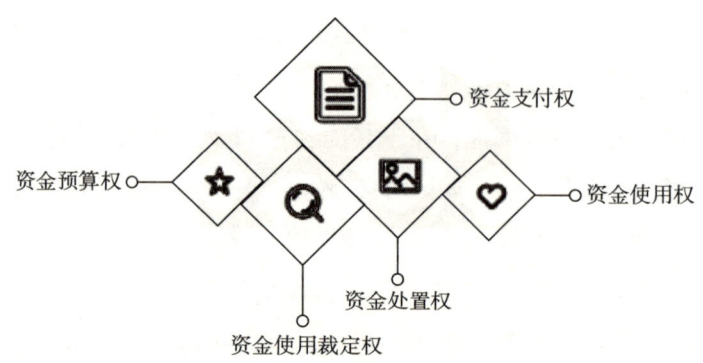

图4-2 财权细分内容

（3）事权，指履行职责、开展工作的业务活动权。事权是岗位角色履行职责、完成工作目标的行为选择权力，具体可以划分为以下六个方面，见图4-3。

图4-3 事权具体内容

授权时，为保证授权的合理性，管理者要明确哪些权力可以授权，哪些权力绝对不能授权。通常，可以授权的工作主要有以下几种，见图4-4。

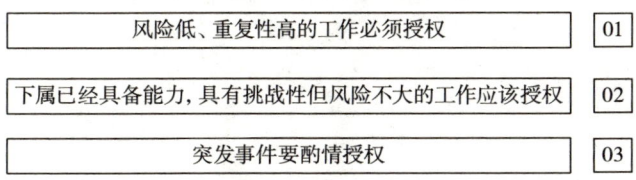

图4-4 可以授权的工作内容

而以下工作则绝对不可以授权，见图4-5。

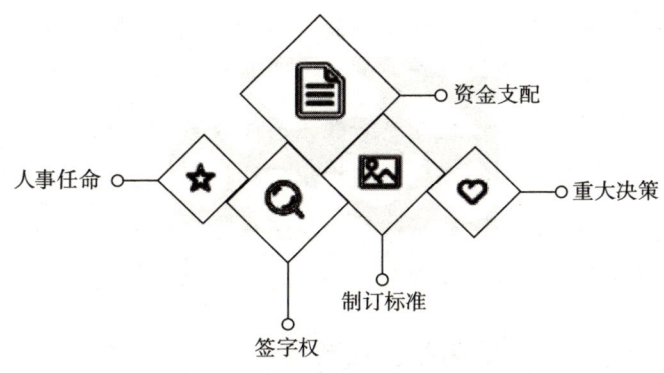

图4-5 绝对不能授权的工作

2. 授权，怎样授权

在明确了授权内容后，如何将要授权的内容授下去，是管理者需要考虑的又一个问题。通常，授权方式有岗位授权和指令授权两种。

岗位授权，是通过对单位、部门和岗位的职责、权力界定，在授责的同时授予相应的权力。组织架构健全的企业，都有"组织说明书"或者"岗位职务说明书""单位、部门工作标准"和"岗位角色个人工作标准"。在这些组织架构设计文件中，包含明确的职责和权力界定，所界定的职责和权力，包含授权内容。岗位授权具有以下特点，见图4-6。

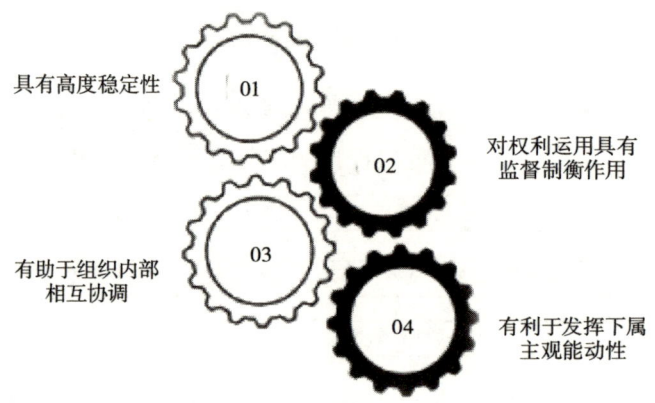

图4-6　岗位授权特点

指令授权，指上级领导临时性地向下属下达工作指令，要求其完成某项工作。在这一过程中，包含授权与授责两个方面。即在他们的常规职责和权力之外，再临时授予责任和权力，让其完成临时指派的工作。

通常，指令授权具有一定的灵活性，适用于临时性命令。可有效、快速地调动资源对外部环境的变化及时做出反应。并且，指令授权往往不会涉及重大的工作，且为一次性授权，随着指令任务的完成，授予的权力自然终止，被授权人无法越权或滥用权力，风险较小。

不仅要有授权，还要有授权控制

授权效果的保证，不仅仅在于授权过程的合理，还有授权后的控制。

而要想对授权实现有效控制，需要做好以下几点：

（1）互相信任。信任是授权的基础，没有信任，授权则无从谈起。管理者信任下属，才能放手让下属自由发挥；下属信任上司，才能在工作中做得更好。

（2）核定适当的授权范围。授权过少，会造成管理者自己保留的职权过多，授权管理效果不明显；过度授权，则会造成下属工作的混乱、越级、滥用职权等问题。核定适当的授权范围，能够保证授权的效果。

（3）权责一致。要想做好授权，首先要明确职责，以便做好授权之后的反馈与控制。为保证授权过程中的权责一致，授权者必须向被授权者明确授权事项的目标和范围，明确被授权者的权力和相应承担的义务及责任，被授权者明白自己的任务，以及完成任务之后可以获得的利益。这样，在荣誉和利益的驱使下，其工作积极性会更加高涨。

（4）调动被授权者的积极性和责任心。授权完成后，工作效果如何，决定于被授权者的具体工作。调动被授权者的积极性和责任意识，才能使其更好地完成工作。

4.2 阶梯授权：按能力级别授权

合理授权，是在下属能力范围内，赋予其一定的权力，使其得到锻炼。这其中的一个的关键点，就是授予的权力要略高于下属当前的能力，让其能够通过努力达到工作要求。如果授权的工作远低于或远高于其能力，授权则失去了意义。因此，授权时要分析被授权人的能力，按照能力级别，授予与其能力相匹配的权力。

评估被授权人能力，确定授权范围

授权前，通过评估被授权人能力，能够大致判断其能力范围，为授权内容的最终确定提供借鉴依据。

评估被授权人能力时，不仅要看其工作能力，还要从知识储备、工作态度、为人处世等多个方面进行全面评估。综合了解被评估人的实力，以便确定授权的具体内容。总体来说，要从以下几个方面对被授权人进行能力评估，见图4-7。

以上几个评估内容，涉及到一个人的工作能力、知识储备、决策判断以及团队合作等多方面的能力，这些能力，是保证一个人能够获得成功的基础。授权时，要对被授权人的能力进行综合分析，找出其强项，最终确定与其能力范围相匹配的授权内容。

在评估被授权人能力时，选对评估方法至关重要。常用的评估方法主要有以下几种：

第4章 授权：学会"放风筝"，员工才能飞得更高

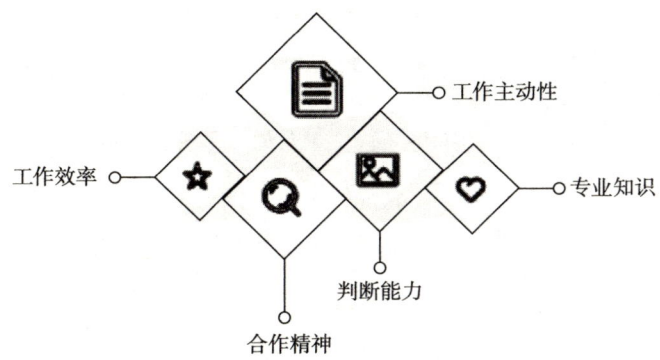

图4-7 被授权人能力评估内容

1. 分析法

如公司中实行绩效考核制度，绩效考核结果是一个能够直观展示工作能力的途径。通过分析绩效考核成绩，可以大致判断一个员工的工作能力与工作水平。

绩效考核成绩的分析要从横向与纵向两个角度综合分析。横向分析，指在同一考核周期内，以不同指标、人员、部门等为变量进行比较分析。可以对同一人员、部门或者类别的各项指标进行比较，分析各项工作的执行情况，发现员工的优缺点；纵向分析，指以不同的人员或者部门为变量，对不同考核期的同一考核指标进行比较分析，从中发现员工的优缺点。

2. 访谈法

通过访谈，不仅可以获取被授权人的工作经验、工作能力等较为表面的信息，还可以通过深度交流，了解员工对工作的态度和看法，实现对其的全面了解。访谈的方式有很多种，一般是一对一，或者一对多。访谈法的内容大致如下：

（1）设计访谈提纲；（2）恰当进行提问；（3）准确捕捉员工透露的信息，及时收集与员工能力有关的资料；（4）做好访谈记录；（5）根据访谈的信息，评估其是否适合成为自己的授权对象。

3. 观察法

指通过观察员工日常工作表现达到了解员工的目的。观察法是在员工毫无戒备的前提下进行的,能够看到员工最真实的工作状态,获得最准确的信息,有利于全面了解员工。如可以观察员工在日常工作的表现,表现是积极还是懈怠,是否时常完成工作,是否能处理好与同事的关系……

量其能,授其权

评估确定被授权人能力范围后,就要针对其能力范围,确定合理的授权内容与方法。根据能力高低,授权范围与授权方法也不同。总体来说,能力越高,授权越彻底。

1. 制约授权

属于授权程度最低的一种授权方式,由管理者控制工作进程,帮助被授权者逐步开展工作,给予其一定的权力与自由。这种授权方式主要针对刚进公司的缺乏工作经验的新员工,交给他们最基本的事务性工作,同时对他们的行为进行实时监督检查,促使他们尽快熟悉工作过程和技能。授权者这时是指导者身份,只需对被授权者进行详加指教即可。

2. 弹性授权

授权程度略高于制约授权。弹性授权适合具有一定工作经验、但是工作技能仍然有所欠缺的员工。采用弹性授权方式时,可以不定期地交给被授权者一些具有挑战性的工作,同时,为其提供一定的工作支持。在弹性授权的过程中,授权者应扮演教练角色,把被授权者扶上马,言传身教,帮助被授权者在实际锻炼中尽快获得成长。

3. 不充分授权

这种授权方法的授权程度较前两种授权方式更高,授权者放权的程度加深,同时,给被授权者自由发挥的空间也更大。不充分授权适用于具有一定工作经验和技能的被授权者。授权者可将非常重要的工作交由被授权者,例如重要项目的谈判、公司最主要客户的拜访、公司重要决策的参与制订等工作。在不充分授权中,授权者已经逐渐摆脱了制约授权与弹性授权中的具体指导阶段,转而成为被授权者的支持者。不充分授权所针对的被授权者,通常是公司的中层骨干。

4. 充分授权

该授权方式是最彻底的一种授权方式。在充分授权的模式下,授权者完全放手,被授权者有充分的权力按照自己的想法自由地工作。被充分授权的通常是公司的核心员工,为公司的重点培养对象。对这类员工,只需把任务交给他,就可以信马由缰,让其自由发挥,授权者此时只需握住缰绳,别让其跑偏轨道即可。

总体来说,授权程度的高低取决于被授权者能力的高低。授权的这四个阶断是从低到高、依次递进的。实际工作中,大部分授权仍然停留在制约授权、弹性授权、不充分授权的层面上,能够达到充分授权的只是小部分员工。授权时,管理者要具体问题具体分析,根据被授权人的能力,确定授权方式。

4.3　80%授权法：不给全部的权力

授权，关键在于授哪些权，保留哪些权，否则会直接影响授权效果。由上文可知，授权的工作往往是重复性高的工作，而一些决策性的工作则不在授权范围内。确定授权内容，可以依据二八定律，授80%的权力，保留最重要、最关键的20%。如此，既达到了授权的效果，又确保了管理者的绝对控制。

掌握授权管理中的二八定律

二八定律，又称为巴莱多定律，由意大利经济学家巴莱多发现。二八定律表明，在任何一组东西中，最重要的只占其中一小部分，大约20%，其余80%尽管是多数，却是次要的。二八定律放在授权管理中同样适用。

根据二八定律，管理者在授权时，其现有工作中的80%都是可以进行授权的，剩下不能授权的20%则是指事关企业命运和前途的工作，这类工作需要管理者根据企业发展战略等信息，进行整体规划设计。如果将这部分工作也授权给下属，则可能会由于工作失去控制，给企业带来巨大的经济损失。

在授权时，可以授权的80%的工作，通常包括以下内容，见图4-8。

第4章 授权：学会"放风筝"，员工才能飞得更高

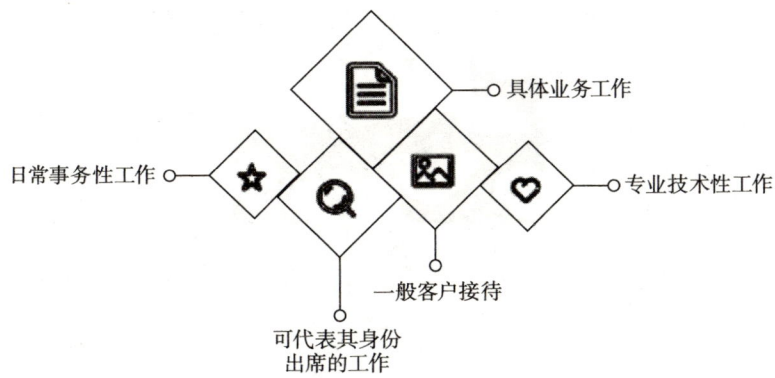

图4-8 可以授权的80%

而不在授权范围内的20%，主要包括以下工作，见图4-9。

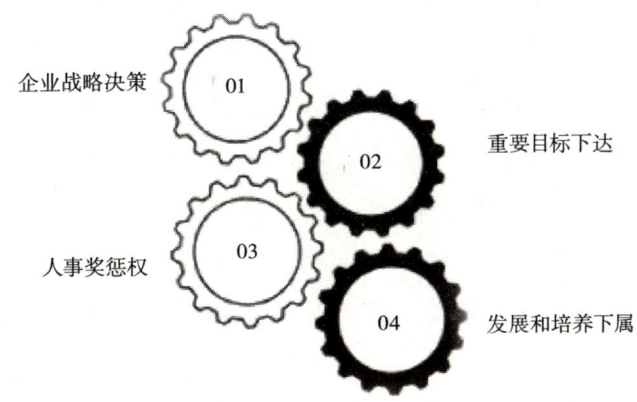

图4-9 不在授权范围内的20%

管理者在授权时，为了能够准确区分可以授权的80%与不可授权的20%，必须对自己的职位职责有一个清晰的了解，按照责任大小把工作分类排队，从中找出可以授权的80%进行授权。

授权不能放责

将80%的工作进行授权后，并不代表管理者对授权的那80%的工作没有任何责任。实际上，授权但不放责，即管理者不能放下责任。如果管理者对授权的工作不负有任何责任，则意味着该项工作与管理者没有任何关

系。这样的授权不是授权，而是"退位"。授权的同时放责，这是许多管理者在授权时容易出现的错误之一。

陈某是一名销售主管，在授权管理中，根据二八定律，陈某将自己职责范围内 80% 的工作都授权给了下属。但是，陈某认为，授权出去的工作，跟自己就没有关系了，也不需要承担任何责任。例如，对于常规客户的维护工作，陈某授权给了一名下属。但是，该下属由于该方面的工作经验不足，导致客户维护工作不顺利，甚至给其中一名客户留下了不好的印象。

针对这一问题，陈某认为自己已经授权给了该下属，所以自己不用承担任何责任，于是就将所有的责任都推给了下属。陈某的这一做法，不仅给公司高层领导留下了不负责任的不良印象，还失去了在下属之间的威信。

陈某的案例在实际工作中并不罕见。授权时，不少管理者认为既然将责任和权力一同交给下属，当下属无法完成指派的任务时，下属就应该承担起全部的责任。这样的做法是极其错误的。授权绝不意味着责任的推脱，反而是责任的增加，不仅对自己，更要对下属的工作绩效负全部责任。作为管理者，要认清这一点，积极承担责任，出现问题时，更要勇于承担责任。

4.4 阿米巴授权：给员工当管理者的机会

阿米巴即单细胞变形虫，阿米巴授权管理模式，是由日本经营之神稻盛和夫独创的经营模式。阿米巴授权管理模式是根据一定的规则，将企业分为若干个独立的小单元，对每一个小单元进行分权管理，量化授权。每个小单元都可以按照一家小型企业的形式进行独立经营，有自己独立的利润体系。通过实行阿米巴授权管理模式对员工进行授权管理，能够给员工一个当管理者的机会，让员工充分发挥出自己的潜能。

韩都衣舍作为一个著名的服装品牌，之所以能够保证良好的销售业绩，与其实行的授权管理是分不开的。正是因为通过阿米巴授权模式给了员工发挥才能的机会，才使得员工的潜能得到了释放。

首先，韩都衣舍建立了单品小组，以提升运营效率。韩都衣舍打破了服装行业传统的"自上而下，高度集权"的管理模式，以单品类的产品小组作为小单元进行了量化授权，构建了以产品小组为核心的单品全程运行体系。通过建立这样的体系，能够在市场需求发生变化时，及时做出反应，并根据市场需求生产产品，占得市场先机。

根据不同的单品类型，韩都衣舍将产品部门划分为300多个小单元，每个小单元的人数控制在1~3个人。小单元的人员构成情况如图4-10所示。

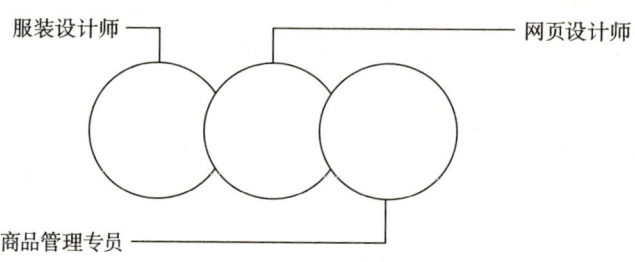

图 4-10　小单元人员构成情况

在实际运营过程中，每个小单元都有全程独立运营的权力。而公司的综合类部门，如生产部、行政部、人力资源部等则为小单元提供服务，以保证运营效果。

其次，将责任量化到小单元。由上文可知，每个小单元都可以根据市场需求决定自己相应品类的服装款式、数量等，拥有最大限度的经营决策权。小组中的成员对于本小组所负责服装的款式、颜色、型号都可以由小组自行讨论决定，无须通过繁琐的程序上报公司。用最短的时间高效完成决策，不但提高了工作效率，还提高了工作的质量，确保公司生产的每一件产品都高度符合市场需求。对于服装的尺码、生产数量以及库存深度，甚至对于服装的定价，小组都具有完全的决定权。当小单元做出生产决策后，需要向公司提交经营计划，审核通过后，公司则给每个小单元发放资金。而每个小单元的任务则是要完成既定的经营目标。如果没有按照计划达成经营目标，则要受到一定的处罚。

这样的模式，既给了员工自主经营决策的权力，又对员工的工作提出了一定的要求，明确了小单元的责任，使其在经营工作中更加尽职尽责。

最后，明确利益分配。韩都衣舍将将利益分配权全部量化到各小组，各小组组长有权决定利益的分配方式，公司对这一方面实行完全的放手管理。

在韩都衣舍，每天上午都会将全部的小组进行排名，销售额最高的小组还可以拿到单独的奖金。当小组成员对收入感到不满足，或者有新的销售想法时，可以通过向公司申请，由原来的小组裂变出新的小组，给员工更多的发展机会。这种模式，不仅能激发各小组间的竞争意识，形成积极向上的工作气氛，还有效减少了人员流失，需要谋求新发展的员工都可以通过组建新的小组的形式来实现自己的要求。

通过全面实行阿米巴授权管理，韩都衣舍不仅给了员工一个发挥才能的空间和机会，也解放了管理者，让管理变得更加简单、高效。

管理者在自身企业中实行阿米巴授权模式时，要做好以下工作。

阿米巴授权管理模式要建立在信任的基础上

由上文可知，阿米巴授权管理模式是通过划分，让各个阿米巴组织通过独立核算进行独立运营，以实现充分授权。在这一过程中，需要各个阿米巴自行制订计划，独立核算，持续自主成长。而要做到这一点，就必须建立在相互信任的基础上，才能保证授权的彻底性，以及各个阿米巴活动的自主性。

授权的基础是，企业高层必须能够甄选出有意愿和有能力的阿米巴领导人，同时，用人不疑，疑人不用，企业要充分信任阿米巴领导人，并给予他们经营这个阿米巴组织所需要的管理权，使他们变成一个经营者，也更有责任感和使命感。另外，员工在参与阿米巴经营的同时，也是将自身的薪酬福利全权交托给所在阿米巴领导人。所以，这就要求领导者与员工要相互信任。

三步实现阿米巴授权管理模式

要想将阿米巴授权模式落实在企业管理中，大致需要分三步进行，见图4-11。

采用阿米巴授权管理模式的最终目的，是要完成企业总体经营目标，实现经营业绩的增长。因此，各个阿米巴的经营目标应与企业总体目标保持一致，即：通过各个阿米巴的经营，最终实现企业总体目标；当确定了各个阿米巴的经营目标后，则要为每个阿米巴分配资源，以保证目标的达成；最后，还要设置相应的考核与奖惩制度，实现对各个阿米巴的管理与监督。

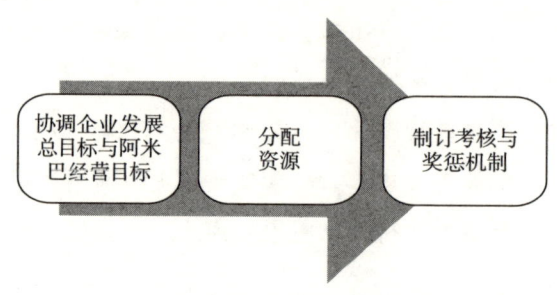

图4-11 阿米巴模式授权过程

设置管理相关内容

要想完善设置阿米巴授权管理模式，除了要在企业内部完成阿米巴模式的框架建设外，还要对相关的具体问题做一定的设置和明确。

1. 组建阿米巴委员会

阿米巴授权管理模式的推行，仅仅靠个人是无法实现的，需要依靠一个完善的组织推进各项事务。因此，要组建阿米巴委员会，把各个阿米巴进行统一整合。在组建阿米巴委员会时，要明确以下几项内容，见图4-12。

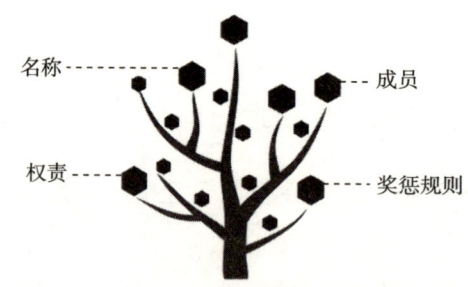

图4-12 组建阿米巴委员会需明确的内容

2. 界定阿米巴之间的对接事项

在实行阿米巴授权管理模式的过程中，整个企业会被分为多个阿米巴。为了实现整体管理与各个阿米巴之间的衔接互动，就要准确界定各个阿米巴之间的对接事项。阿米巴运行对接界定，关键在于界定阿米巴组织之间的责任，界定阿米巴组织与其他部门的对接事项，落实推进阿米巴的责任到个人、日期等。

3. 确定阿米巴领导人的权限

由于阿米巴授权管理模式强调各个阿米巴的自主运营，高度授权，因此，明确各个阿米巴领导人的权限就显得尤为重要。在确定阿米巴领导人的权限时，主要确定以下几个方面的权力，见图4－13。

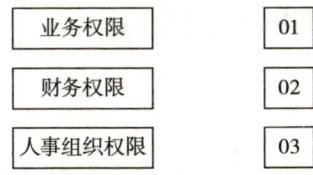

图4－13　阿米巴领导人的权限范围

4. 成立检查监督机制

阿米巴授权管理模式中一个重要环节，就是授权之后的监督，特别是生产经营过程的监督。监督，不仅可以节省成本，还可以在一定程度上防范风险。如果企业在实行阿米巴授权模式时，缺少监督机制，漠视不良后果，将使企业内部控制沦为虚设，企业经营将面临危机。在阿米巴经营管理模式中，授权监督控制的主要内容见图4－14。

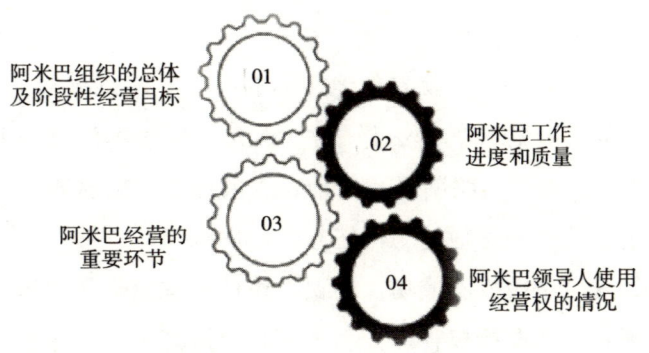

图4－14　授权监督控制内容

4.5 别让猴子跳回自己身上

授权管理中,必然存在将工作任务授权给下属的情况。在这一环节中,为了保证授权成功,管理者就要做到"别让猴子跳回自己身上"。

"别让猴子跳回自己身上"中的"猴子"指工作任务。而"别让猴子跳回自己身上",指的是别让已经授权出去的工作任务又回到自己身上来,这样就失去了授权的意义。

工作中,经常出现这样的情形:早上,你给下属布置好了工作任务。下午,他就过来敲你办公室的门说:"经理,关于×××工作,我有几个问题向你请教。"于是,你只能从众多积压的文件中艰难地抬起头,完全没有思路与时间思考,只能告诉他:"你先等一等,等我想一下再告诉你。"

第二天早上刚到公司,就看到他在你的办公室门口等着:"经理,昨天说的那几个问题,您想的怎么样了?"但是,你根本没有时间思考这些问题,只能在心里想:"明明是我给他布置的任务,怎么现在变成他给我安排的工作了。这到底是他的工作任务还是我的。"

实际上,这就是授权不成功,导致工作任务这只猴子又跳回到自己身上。作为管理者,采取授权管理,一方面是要锻炼下属的工作能力,让其在"实战"中获得更多的工作经验;另一方面,也是为了将自己从众多繁琐的工作中解脱出来,不被过多的工作所累。如果授权不当,让"猴子"又跳回到自己的身上,不仅不能让员工独立完成工作任务,起到锻炼的作用，还无法让自己从众多的工作中抽身出来。为避免"猴子跳回自己身上"，就要做好以下几项工作。

明确"猴子的主人"是谁

避免"猴子跳回自己身上"，就要知道"猴子的主人"是谁，将"猴子"控制在其主人身上。简言之，就是要明确每项工作任务的实施者，避免其在工作中推脱责任。

某家公司为激发员工潜能，采用了授权管理的方式。但员工常常一遇到问题就找领导，自己仍然没有养成独立思考的习惯和能力。这个问题的存在，让该公司的管理者无法从繁杂的工作中脱身出来。为了解决这个问题，该公司制订了一项规定：

工作任务以及实施人确定后，要将工作任务的具体内容、实施者、工作时限等内容书面化，通过书面文件的形式予以公示。任务实施人要单独解决工作中出现的一系列问题，上司只负责提供完成工作任务所必须的资源支持。

该规定一出，不仅明确了任务的实施人，还强制要求员工独立完成工作任务，有效避免了授权出去的工作任务又返回到自己身上的现象。久而久之，员工养成了遇到问题独立思考的习惯，工作能力也逐渐提升。该公司的管理者也有更多的时间去做更重要的工作。

"猴子"+自由=授权

授权，就是要让员工在独立工作中锻炼自己的能力。作为管理者，如果在员工工作过程中总是对其工作"指指点点"，不仅会干扰其工作思路，还会让其产生依赖心理。因此，为保证授权效果，不仅要授权给下属具体的工作任务，还要在其完成任务的过程中给予充分的自由。

在这一过程中，管理者要做好以下工作：

（1）下达工作任务时，清楚告知员工在工作中担负的责任与拥有的权力，并告知其在执行过程中拥有哪种程度的自由权限。

（2）唯一决定自由权限的依据——管理者对该项工作任务的关注程度，对下属完成工作任务的信心程度。

（3）要求下属将所有关于该项任务的工作都形成书面文字，管理者只需在看其工作报告时表示同意与否即可。

（4）为下属工作提供支持时，要对其工作能力做出肯定。管理者对其工作能力表示充分的肯定，可以让下属更加有信心面对接下来的工作。并且在之后的工作中，当他遇到问题时，就会有十足的信心通过自己的独立思考与操作去解决问题。

（5）当下属向上级表述自己关于工作方法的思路和想法时，作为管理者，要给予其积极的反馈。对于其中较好的想法，要及时予以肯定；如果发现其中存在的问题，则要及时指出。但是要注意说话的方式，避免由于说话不当打击他们的工作积极性。

掌握喂养"猴子"的六大规则

授权管理中，如何"喂养"工作任务这只"猴子"，也就是怎样对待工作任务，是每个管理者都应该认真考虑的问题。为了处理好工作任务，管理者要掌握"喂养猴子"的六大规则。

（1）"猴子"要么被喂养，要么被杀死，否则，他们就会饿死。而经理就要将大量宝贵时间浪费在"尸体解剖"或试图使它们复活上。

（2）对于需要喂养的猴子，下属要找出时间喂食它们，但是千万不要过量。即如果有需要授权的工作，就要大胆、及时授权，但是也要注意授权的内容与工作量。

（3）按照喂食进度表上的时间和地点喂养"猴子"是下属的责任，上司不必再沿途追逐即将饿死的"猴子"，胡乱喂食。解决工作中出现的问题、完成工作任务，是被授权的下属的责任，上司不必再插手，打乱下属的工作计划。

（4）如果发生了冲突，预先确定的喂"猴子"的时间可在任何一方的提议下，做出变更，但不被视为延误；事情毫无进展不能作为重新安排喂

第4章 授权:学会"放风筝",员工才能飞得更高

食时间的借口。即当工作中出现了不可抗的因素与冲突时,授权者与被授权者都可以提出变更工作计划的提议,在事先确定的工作计划的基础上适当做出调整。但是,如果下属的工作毫无进展,也不可以修改事先确定的工作期限。

(5)无论何时,都应尽可能面对面喂食"猴子",要么就使用电话,绝对不要使用信件。备忘录、电子邮件、传真和报告可以使用于喂食过程中,但是不能代替面对面的对话,即授权工作中,授权者与被授权者要尽量面对面沟通工作内容。在这一过程中可以适当使用电话、备忘录、电子邮件、传真和报告等形式,但是要以面对面沟通为主。

(6)超过好几页的备忘录、电子邮件、传真和报告应该在一页的摘要中写清楚,以便展开立即的对话。

4.6 问责制：授权更要授责

所谓问责制，是指问责主体对其管辖范围内各级组织和成员承担职责和义务的履行情况，实施并要求其承担否定性后果的一种责任追究制度。问责制，问的是"责"，追究的是具体问题的具体过错，不问功劳苦劳，没有将功抵过，是真正的赏罚分明。将问责制引入授权管理，能够给被授权者一定的制约和监督，保证最终的授权结果和工作效率。

京东作为目前国内数一数二的电商集团，拥有众多员工。在其管理工作中，不乏授权管理。而真正能够监督控制授权过程、保证工作效果的，则是问责制。在2017年，京东共公布了6起问责案例，其中多人因涉及收受商家贿赂以及虚报费用等问题而被辞退。

实际上，早在2007年，京东就在集团内部设计了完善的问责制。京东通过招聘专门的监察人员，由专人负责问责制。京东和所有合作伙伴签订相关的廉政协议，发放操作手册，留下举报的联系方式。按照公司的ABC原则，C违规被开除，B（C的上级）和A（B的上级）都要记过，如果记过两次就要降级。如果上级发现异常，主动报告，可以免责。

从京东的案例可以看出，企业管理中引入问责制，将使企业管理更加规范透明，增强管理者的责任感，提高员工的"举报"意识，及时发现企业发展中存在的各种问题和不良现象。

第4章 授权:学会"放风筝",员工才能飞得更高

明确职责,为问责制打下基础

问责制,问的是"责"。为了更好地问责,首先就要明确责任。如果责任不清,任务不明,出现问题后,即使有问责制,也不知道问什么责,问谁的责,问责制就无法开展。因此,授权的同时,必须向被授权人明确所授权事项的任务目标以及权责范围,便于问题出现后的问责。

授权过程流程化

明确、合理地授权,便于问责制的开展。如果授权过程混乱,那么问责时,就会出现不知道向谁问责的情况。因此,要将授权过程流程化,授权过程中的任何问题,都要有详细的书面记录,以便日后问责时,在第一时间内找到责任人。

授权流程通常包含以下环节:

第一,确定工作任务,明确授权内容。授权之前,首先要对工作进行全面梳理,找出其中的重点。例如,目标、进度、准则、相关工作要求以及下属在执行工作时的权力范围等。授权过程中,授权的事项应包括工作内容、目标,以及为完成工作目标所需的资金、技术、设备、人员、信息等资源,还包括授受双方的权力义务关系,授受工作的期限以及控制措施等。为保证授权效果,授权之前要明确以上授权事项。这不但是确定授受双方权力义务关系的需要,也是被授权者开展工作的前提条件。在明确授权任务时,要明确以下几个方面的内容,见图 4 – 15。

在这一过程中,还要清楚此次授权存在的风险。例如,下属完成该项工作是否非常困难,失败的后果是否非常严重。如果风险在可控范围内,则可以进行授权。

第二,制订计划。为保证授权过程顺利进行,授权之前,首先要制订授权计划,预先制订目标与成果。正式授权之前,授权者与被授权者要明确授权的目标。在这一过程中,要尽量将目标量化、清晰化。除此之外,还要保证授权后的工作目标对被授权者来说,具有一定的挑战性。授权目

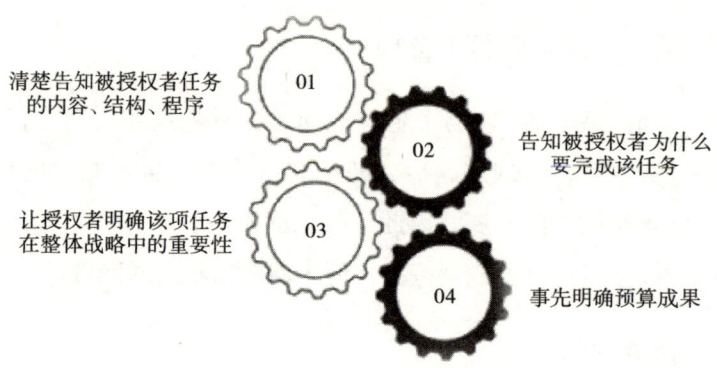

图 4-15　授权任务时应明确的内容

标的确定，不但是对被授权者的一种激励，同时也是对授权者的约束。

第三，确定工作成果评价途径与原则。授权管理中，对授权成果进行评价，是一种不可或缺的控制手段。为了保证评价结果的公正客观，工作成果评价应该有专门的方式，并遵循确定的原则。在授权工作正式开始之前，应由被授权者提交工作计划，以便授受双方达成一致。授权者通过了解工作安排和进度，可以及早发现可能出现的问题，并及时做出调整。

问责制度化

问责，能够给工作人员一种约束，确保授权过程中双方都能够对工作负起责任，为最终的工作结果提供保障。而要想真正将问责的效果发挥出来，就要将问责这项工作制度化。

企业应建立专门关于问责的相关制度，明确问责方法，并组建专门的问责小组，负责问题的调查、取证以及追责等工作。只有将问责工作制度化，才能让问责成为授权工作中的一部分，帮助提升授权工作的效果。

问责过程透明化

问责工作的顺利开展，需要各个方面的大力配合。而只有将问责过程

第4章 授权:学会"放风筝",员工才能飞得更高

公开化,问责结果才能服众。

在问责过程中,不论是根据问题寻找相应的负责人,还是制订处罚方法,都要将过程公开化,避免出现暗箱操作的情况。对于处罚结果,要在企业范围内进行公示。这样,不仅可以对员工之后的工作起到警示作用,还能够让员工感受到企业管理的公平公正,树立问责制度在员工心目中的威信。

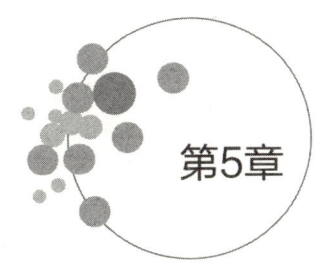

第5章

沟通：管理者先"说好"，员工才能"做好"

沟通是人与人之间、人与群体之间思想与感情的传递和反馈过程，是激发并释放员工潜能的一种重要方式。沟通能让管理者更加了解员工的个人情况和工作情况，也能让员工更加了解上司的管理意图和管理方式，从而消除双方隔膜，提升工作效率。

5.1 无效沟通喊加油，有效沟通下指令

沟通对于释放员工潜能具有重要作用，指的是建立在有效沟通的基础上。如果不能将沟通落实在工作的每个细节，就无法发挥发现问题、激励员工等实际作用，这只是无效沟通。由于员工工作以执行为主，沟通首先要给员工一个明确的工作指令，让员工知道该做什么、怎么做、做成什么样，这样的沟通才是有效沟通。

做出指令前要深思熟虑

管理者的工作指令不合理，不仅无法提升下属的工作质量，还会引起反感，不利于员工释放其潜能。所以，管理者下达工作指令前，要深思熟虑。

某销售部经理为了激发下属的潜能，经常给下属规定一些工作任务。但是，因为他下达指令之前并没有对指令内容做慎重地思考，经常出现由于工作指令内容不当而引起下属反感的情况。

通常，管理者在做出工作指令前，要综合考虑以下几个方面的内容，见图5-1，以保证工作指令的合理性。

工作情况　　　　　部署情况
（工作量、难易程度、重要程度、紧急程度）　　（工作能力、工作态度）

岗位情况
（是否有时间担任此项工作）

图 5-1　做出指令前应考虑的内容

将指令量化为具体的文字与数据

工作指令是员工工作的依据。有些管理者的工作指令，往往只是一两句概括性的话，对于具体的实施方法与工作要求，并没有明确化和具体化。

一家动漫公司的美术组组长，在下达工作指令时，常常只是将大致的设计要求告诉大家，但对于具体的设计，并没有明确的要求。

在一次设计游戏图标时，他的工作指令是设计一个有特点的图标，不落俗套，要与常规的图标区分。游戏图标的具体要求是什么、设计需求是什么、要表现哪些内容，在工作指令中全部都没有体现出来。这样的工作指令，不仅让大家无从下手，也降低了工作质量，还影响了员工的工作积极性。

因此，管理者在下达工作指令时，不仅要表明需要员工做的工作内容，还要将指令量化为具体的文字与数据。

1. 用明确的数据限定工作执行的结果

通常情况下，数据化的表达是非常具体的。用明确的数据限定工作执行的结果，不仅能够迅速让员工了解其工作要求，还能保证最终执行效果的一致。

2. 用文字准确描述工作要求与相关责任人

大部分的工作要求都要通过文字来表现，如果指令文字表现不准确，将会大大增加员工理解的难度。因此，需遵循以下原则，见图 5-2。

第5章 沟通：管理者先"说好"，员工才能"做好"

描述行为不描述结果	01
避免使用模糊词语	02
避免使用引起歧义的词语	03

图 5-2 用文字描述工作指令原则

3. 明确限定工作完成时间

任何工作都应该有一个"最后期限"。没有明确时间限制的工作，效率会大打折扣，工作指令也就失去了意义。

此外，在下达工作指令时，还要避免朝令夕改，如此才能维持工作指令的权威性。否则，不仅会让员工在工作中无所适从，也会使管理者的管理能力受到质疑。

巧妙下达指令，让员工乐于接受

要激发并释放员工的潜能，就要让员工快乐工作。如果员工在接受工作指令时，总是充满消极情绪，那么他的工作就无法做好。要想让员工乐于接受工作指令，就要在下达工作指令时做好以下几点工作，见图 5-3。

图 5-3 下达工作指令要做好的工作

例如，我们在向下属布置某项工作任务时，可以采取这样的形式："小×，现在有一个×××的任务需要你去完成。这件工作的完成效果决定着下一阶段的工作能否按计划开展，所以是一件非常重要的工作。如果有什么困难，你可以随时提出来，公司给你提供帮助。我相信你一定能够做好这项工作的。关于这项工作，你还有什么疑问吗？"

5.2 沟通要有效，十大原理跑不掉

工作的过程，实际上就是沟通的过程。沟通可以消除管理者与员工之间的隔阂，达成共同愿景，是让管理者与员工朝着共同目标前进的桥梁和纽带。而沟通要想发挥作用，在于沟通是否有效、及时。沟通是一个双方协调的过程，要达成有效沟通，就要遵循一定原理，使想要传递的信息按照预期及时、准确、完整地实现。

真实性原理

有效沟通的真实性原理，强调沟通必须是对有意义的信息进行传递，即沟通信息必须真实。沟通信息不真实，即使整个沟通过程完美，沟通也会因为没有任何实质内容而失去价值和意义。这样的沟通非但不能对激发员工潜能、提升工作效率发挥积极作用，还会造成工作时间的浪费，给企业造成损失。

从经济学的角度看，无效沟通是对企业经济价值的一种严重浪费。不论是时间效率、渠道以及经营效益，都会有所降低。这样，不仅无法通过沟通来实现预期目标，甚至还会因为无效沟通产生负效益，增加企业的经营成本。因此，我们在管理过程中，要杜绝无效沟通。保证沟通内容丰富且有意义，是沟通成立的首要前提。

渠道适当性原理

良好的沟通不仅需要管理者与员工双方的努力,还需要由沟通渠道将两者进行连接。按照性质不同,沟通渠道可以分为正式沟通渠道与非正式沟通渠道两种。

正式沟通渠道,指在组织系统内,依据一定的组织原则所进行的信息传递与交流。主要包括以下几种形式,见图5-4。

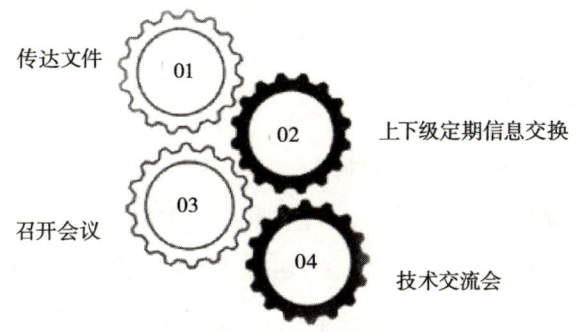

图5-4 正式沟通渠道

非正式沟通渠道,指除正式沟通渠道之外的沟通渠道。在非正式沟通渠道中,可以通过正式沟通渠道以外的信息交流和传递,以及相互之间的反馈,达成双方利益和目的一种方式。非正式沟通渠道既不受组织监督,形式也更加自由,选择范围也更广。非正式沟通渠道主要有以下几种形式,见图5-5。

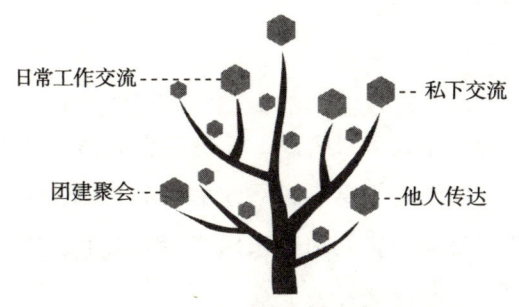

图5-5 非正式沟通渠道

沟通主体共时性原理

有意义、真实的信息必须由适当的主体发出,并通过适当的渠道传递给适当的另一主体接受,这就是有效沟通的沟通主体共时性原理。

沟通主体共时性原理要求信息发出主体以及接受者的身份适当。如果沟通信息发出主体合适,但是接受者不合适;或者信息接受者合适,但是沟通信息发出主体不合适,都会导致沟通的失败。只有双方身份合适、内容有意义,沟通才是有效的。

信息传递完整性原理

信息传递过程中,因为各种因素的干扰,往往会在传递过程中出现自然或者人为的损耗或者变形。一旦出现这样的情况,那么,接受者接收到的信息,已经不是发出者所发出的信息。沟通过程中的信息缺失,会严重影响沟通的准确性。严重时,还有可能造成沟通双方的误会。

代码相同性原理

是指在沟通的过程中,信息发出者与信息接收者之间,传递的信息必须使用相同的代码系统。即信息在发出者那儿是以何种代码被编码的,在接受者那儿也必须以相同的代码系统进行解码。如果双方所使用的信息代码系统完全不同或存在较大差异,就会导致接受者对信息解读无法实现或解读错误,最终导致沟通的失败。

时间性原理

沟通,是为了提升工作效率,所以,管理者在与员工进行沟通时,应保证沟通的时间性。任何沟通都要设置一定的时间限制,整个沟通过程要在沟通发生的有效期内完成。如果沟通超出了时间限制,则无法对提升工作效率起到积极作用,沟通也就失去了意义。

理解同一性原理

指沟通过程中的信息接收者理解的信息内容与信息发送者发出的信息内容一致。这也是保证沟通有效性的重要原理。如果信息接收者理解的信息内容与信息发送者发出的信息内容不一致，双方即使花费再多的时间与精力，所进行的沟通仍然只是无效沟通，对提升工作效率无法起到实际作用。

连续性原理

指沟通时间与沟通方式上的连续性。沟通主体之间要达成有效的沟通，必须要考虑相互之间沟通的历史情形，这是因为我们都是依据自己的经验、情绪和期望对各种情形做出反应的。

在沟通过程中，对双方均已熟悉的沟通内容和方式，尽量不要改变，要保持沟通过程以及沟通方式的连续性，这样才有利于沟通对象快速、准确地理解要沟通的内涵。

目标性原理

没有沟通目标的沟通，很难把握与衡量沟通效果是否与沟通的本意相偏离。如果沟通目标不明确，则信息发送者所发送的信息就会变得混乱、模糊、含混不清。而接受者也只能依靠经验和场景猜测对方的用意，从而无法准确地理解沟通的信息，最终导致沟通的误差或者失败。并且，不同的沟通目标，适合的沟通方式和沟通行为也不同。找对沟通方法，才能做好沟通。

噪音小化原理

指沟通过程中客观存在的沟通噪音必须减少。如果在沟通的过程中，噪音过大，则会影响其他人的工作，对整体工作产生不利的影响。

5.3 双向沟通，不是一个人的事

双向沟通，指发送者和接受者之前的位置不断交换，且发送者是以协商和讨论的姿态面对接受者，信息发出以后还需要及时听取反馈意见，必要时双方可以进行多次重复商谈，直到双方的意见统一。与单向沟通不同，双向沟通的沟通信息准确性较高，接受者有反馈意见的机会，从而使其产生平等感和参与感，增加其自信心和责任感，并激发其工作潜能。实际工作中，双向沟通在沟通中占有重要比重，是一个非常重要的沟通方式。

在双向沟通中及时扫除障碍

单向沟通，指管理者给下属下达工作、询问工作情况等的过程。在这一过程中，下属更多的是被动地接受信息，但是自己实际的工作情况却并没有机会向上司表明。这样的情况，往往会使得工作中的某些问题无法及时解决，从而影响了工作效率，员工也会因为遇到困难无法跟上司沟通而失去信心。因为双向沟通可以使得双方就工作信息不断交流，所以，可以及时扫除工作中的障碍。

艾米作为一家食品生产公司的生产部经理，在管理工作中，她非常注重通过沟通来了解工作情况，帮助下属扫除工作中的障碍，释放下属的潜能。在一次新引进的生产设备首次使用中，艾米首先将操作方法与生产要求下达给了基层生产员工。为了保证生产设备的顺利使用，艾米与生产人员进行了持续的双向沟通。艾米有什么新的想法，或者有新的要求，都会及时传达给生产人员；而生产人员在新设备的实际使用过程中，一旦遇到问题，也可以及时向艾米汇报。双方就发现的问题及时沟通，共同制订解决办法。

这样的工作方法，不仅可以及时发现新设备使用过程中存在的问题，还有效提升了生产效率。此外，艾米作为生产部经理，能够与基层生产人员实现持续的双向沟通，使得生产人员感觉到了平等以及上司对自己工作能力的认可，因此工作积极性有了明显的提升，并且，想方设法地提升自己的工作水平。

通过上述的管理案例可以看出，双向沟通能够实现管理者与员工之间的信息互通，有利于及时发现并扫除工作障碍。并且，在双向沟通的这一过程中，员工不仅只是指令的接受者，还可以自由地表达自己的意见，这就有利于员工独立自主地思考问题，释放其工作潜能。

掌握高效的双向沟通技巧

在双向沟通这一过程中，双方的沟通效果和氛围决定了沟通的质量。因此，要想实现高效的双向沟通，沟通双方就要掌握一定的技巧。

首先，对于管理者来说，与下属相比，管理者处在沟通的"上风"，因此要放平心态，充分尊重下属。总体来说，管理者在提升双向沟通的效果方面，需要做好以下两点：

1. 摆正心态，杜绝"我说你听"的心态

在沟通的过程中，管理者若总是认为自己比下属职位高，下属理所应当听自己的指挥，对于下属提出的意见，要么立即反驳，要么视而不见的话，不仅会错过很多有价值的信息，还会伤害对方的自尊心，导致其工作积极性降低。为了避免这样的问题，管理者在沟通过程中，在充分表达自己意见的同时，也要允许下属发言；对下属的意见，要认真听取，合理采纳。

2. 提升互动关系，鼓励下属表达意见

实际工作中，特别是双向沟通的双方为上下级关系时，下级往往由于惧怕上司，或者因为"多一事不如少一事"的心理，不会主动向上司表达自己的意见，从而造成了沟通过程不畅。为了避免这样的情况，作为管理者，要提升双方的互动关系，鼓励下属主动发表意见。

为了保证双向沟通的成功，仅仅加强管理者的沟通能力是远远不够的，同时还需要提升下属的双向沟通能力。因此，管理者要对下属进行以下几个方面的培训，以提升其双向沟通的能力。

1. 培养下属良好的、主动向上沟通的意识

要当好管理者，要先当好被管理者。作为下属要时刻保持主动与上司沟通的意识，上司工作往往比较繁忙，无法顾及得面面俱到，保持主动与上司沟通的意识就十分重要了。不要只会埋头工作而忽视了与上级的主动沟通，还要有效地展示自我，让你的能力和努力得到上级的高度肯定。只有与上司保持有效的沟通，才能获得上司器重，得到更多的机会和空间。

2. 帮助下属寻找合适的沟通方法和渠道

合适的沟通渠道能够让你的意见更快地让对方知晓，而合适的沟通方法则可以提升沟通的效果。所以，作为下属，在与上司沟通时，要选择合适的沟通方法与沟通渠道。

3. 教授其沟通中的说话技巧

双向沟通的过程中，沟通双方处于平等的地位。但是，作为下属，仍然要采用合适的表达方式，让上司乐于接受你的意见。在表达自己的意见时，要巧妙地借上司的口陈述自己的观点，让上司感到这是他自己的意见，从而赢得上司的认同与好感，让沟通成为提升工作效率的润滑剂，而不是误会的开端。

4. 促使下属主动了解相关的工作进展

双向沟通的过程中，作为下属，也要有主动了解工作进展情况的意识。应该与相关部门随时保持联系，主动了解工作进度，掌握最新的工作信息，不要被动地等待别人告知。主动沟通、主动思考，能够使沟通更加有效。

第5章　沟通：管理者先"说好"，员工才能"做好"

5.4 乔哈里视窗，让员工意识到自己的能力

乔哈里视窗是美国心理学家乔瑟夫和哈里从自我概念的角度，对人际沟通进行深入研究，在此基础上得出的理论。乔哈里视窗又被称为沟通视窗，是一种关于沟通的技巧和理论，也被称为自我意识的发现——反馈模型。乔哈里视窗从认知的角度，给沟通提供了新的角度和方法。管理者在与下属沟通时，应充分利用乔哈里视窗理论，使双方沟通更加顺畅、高效。

准确鉴别乔哈里视窗的四个区域

乔哈里视窗，依据"自己知道——自己不知"和"他人知道——他人不知"两个维度，根据人际传播双方对传播内容的熟悉程度，将人际沟通信息划分为四个区域：开放区、盲目区、隐秘区、未知区，见图5-6。

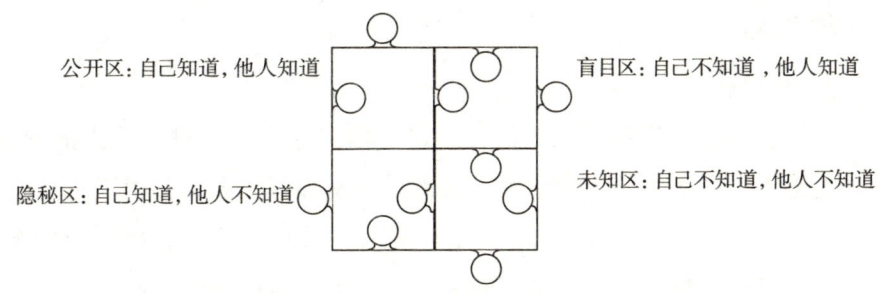

图5-6　乔哈里视窗四个区域

111

1. 开放区

指自己知道，别人也知道的信息。例如，在工作沟通过程中，管理者对下属的名字、家庭情况、部分经历等比较清楚，而这些信息也属于下属自己对自己的认知范围。这样双方都知道的信息，则属于开放区。

但是，开放区的信息具有相对性。对于某些人来说是公开的信息，对于另一部分人，则有可能是较为隐秘的信息。在实际工作中，双方共同的开放区越多，证明双方了解得就越深入，沟通自然就会越便利。

2. 盲目区

指自己不知道，但是别人知道的信息，即自己的盲点。例如，对于自己性格上的弱点、坏习惯、工作能力上的欠缺、为人处世方式上的不足等，自己并不知道，但是他人却能发现。实际上，自己的盲目区越大，证明对自己的认识越不足，发展就越受阻碍。在工作沟通中，特别是上下级之间的沟通，下级即使发现了上级的不足，由于各种原因，也会选择闭口不谈。实际上，这样的情况，既不利于提升沟通效果，也不利于上级认清自己。面对这种情况，上级要多鼓励员工给自己提意见，并让对方感受到自己是乐于接受建议的。

3. 隐秘区

指自己知道，别人不知道的信息。例如，自己某些不为人知的经历、理想、好恶等。在有效沟通中，适当打开隐秘区，是增加沟通成功率行之有效的方法。

4. 未知区

指自己和他人都不知道的信息。在工作交往中，通过与他人的交流，可能对他人有了更为深入的了解，从而打开未知区。或者，由于对自身认识的深入，也有可能打开未知区。通过打开未知区，人的某些潜能能够得到较好的发挥。所以，挖掘员工的未知区，也是释放员工潜能的一个重要方式。

第 5 章　沟通：管理者先"说好"，员工才能"做好"

根据乔哈里视窗寻找沟通技巧

乔哈里视窗把人的心理分为了公开我、盲区我、隐藏我、潜在我四个部分。从一定程度上说明，当我们对说和问采用不同态度对待的时候，即说得多或者问得多，就会使人对你产生不同的印象，从而影响别人对你的信任度。乔哈里视窗可以用来分析以及训练个人发展的自我意识，加强信息沟通、人际关系、团队发展、组织动力以及组织间的关系。管理者在与员工沟通时，可以根据乔哈里视窗理论寻找沟通技巧，让员工意识到自己的能力，并释放潜能。

1. 公开区：多说多问，增加信任

公开区的信息指自己知道，他人也知道。在实际交往中可以发现，当一个人的公开区越大，其往往越能够给人随和、善于交往的印象，并且容易赢得他人的信任，也更容易与他人进行合作性的沟通。而要想使公开区变大，就要多说多问，询问别人对自己的意见和反馈。

通过多说多问，在与他人交流沟通的过程中，让他人更加了解自己，自己也更加了解别人，从而建立起双方的信任。有了信任，沟通就会变得简单。

2. 盲目区：多问，缩小盲区

由上文可知，一个人的盲区越大，代表其对自身的认知越欠缺，越不利于自己发展。造成盲区过大的原因，通常是说的太多，问的太少。因此，对于盲目区，在沟通中不仅要多说，还要多问，通过询问别人对自己的意见，明确自身的不足之处，加深对自身的了解。

3. 隐藏区：多说，减少误会，增加信任

一个人的隐藏区越大，证明他人对自己的了解就越少。这样的情况是不利于沟通交往的。如果别人对一个人的了解非常少，在沟通中则会容易产生误会，从而造成沟通不畅的问题。因此，为提升沟通效果，就要通过多说来增进他人对自己的了解，减少猜忌与误会，在增加信任的同时，提升沟通效果。

4. 未知区：多交流，增进相互的了解

未知区，是自己以及他人都不知道的信息。实际上，封闭自己会失去很多的机会。而如果能够打开未知区，就增加了释放潜能的机会。所以，对于未知区，要采取多交流的态度。在双方交流的过程中，更加了解自己，同时也能够更加了解对方。如此，双方才能够良好地沟通交流。

第5章 沟通：管理者先"说好"，员工才能"做好"

5.5 将目标缩小，能激发人"达到欲望"

每项工作都有一个目标，以此来指导工作行为。当人们的行动有明确的目标，并且把自己的行动与目标不断加以对照，就能清楚地知道自己的行进速度与目标之间的距离，这样行动的动机就会得到维持和加强，人就会自觉地客服困难，努力达到目标。由此可见，目标对于工作达成具有重要作用。但是，当目标过大、时间过长时，往往会让人感到难以达成，并且，在达成目标的过程中极易产生挫败感和疲惫感，从而降低工作效率。所以，将目标缩小，能够激发人的"达到欲望"。

在曾经的东京国际马拉松邀请赛中，一个名叫山田本一的名不见经传的日本选手，出人意料地夺得了世界冠军。当他在回答记者采访的"为什么能够取得如此惊人的成绩"时，只说了这样一句话："凭借智慧战胜对手。"一直以来，人们都认为马拉松是一项考验体力和耐力的运动，与智慧并没有太大的关系。所以，山田本一的言论一出，很多人都认为他是在故弄玄虚。

两年后，在意大利马拉松邀请赛中，山田本一代表日本参赛，同样也获得了冠军。在接受媒体访谈的时候，记者请他谈谈获胜的经验，山田本一仍然说自己是"用智慧战胜对手。"这次，虽然人们并不像之前那样认为山田本一是在故弄玄虚，但是仍然对他所谓的"智慧"感到不解和疑惑。

几年之后，山田本一在自己的自传中解开了这一疑惑。他在自己的自传中写道:"每次比赛前,我都要乘车把比赛线路仔细看一遍,并把沿途比较醒目的标志画下来。比如第一个标志是银行,第二个标志是一棵大树,第三个标志是一所红房子……这样一直画到赛程的终点。比赛开始后,我就以百米的速度奋力地向第一个目标冲去,等越过第一个目标后,我又以同样的速度向第二个目标冲去。40多公里的赛程,就被我分解成这些小目标,然后轻松地跑完了。起初我并不懂这样的道理,所以我把我的目标定在40公里外终点线的那面旗帜上。结果跑到十几公里时,我就疲惫不堪,我被前面那段遥远的路程给吓倒了。"

山田本一的案例,证明了将总体目标分解为小目标的重要性。每个小目标相对来说达成起来比较容易,而每个小目标的达成,都能够给人以满足感,激发人的潜力与斗志,进而完成下一个小目标。在一个个小目标实现的过程中,实现最终总体目标。

管理者在与员工沟通时,应学会如何帮助员工将目标缩小,以激发其"达到欲望"。

清晰表达工作目标

在与下属沟通工作目标时,首先要学会向其清晰地表达工作目标。如果工作目标表达不清楚,之后的沟通就失去了意义。在向员工表达工作目标时,应遵循以下原则,见图5-7。

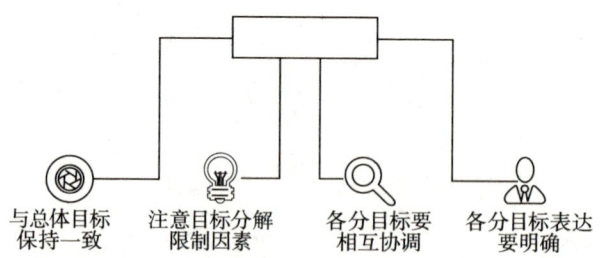

图5-7 表述目标的注意事项

事先帮助员工分解目标，并告知其小目标

在分解目标时，可以根据分解需求，选择合适的分解形式。

1. 按时间顺序分解

定出目标实施的进度，以便于实施中的检查和控制。这种分解形式构成了目标的时间体系。

2. 按时间关系分解

这其中又包括两种不同的分解方法：按管理层次的纵向分解，即将目标逐级分解到每一个管理层次，有些目标还可以一直分解到个人；按职能部门的横向分解，即将目标项目分解到有关职能部门。这种分解方式构成了目标的空间体系。

明确目标分解需求，选择合适的方法

目标分解的具体方法有很多种，不同的分解方法适用的分解需求也不同。管理者在选择目标分解方法时，要根据分解需求，选择合适的目标分解方法。

第一种，剥洋葱法。像剥洋葱一样，将大目标分解成若干个小目标，再将每个小目标分解成若干更小的目标，一直分解下去，直到分解出当前的工作内容。

实现目标的过程是由现在到将来，由低级到高级，由小目标到大目标，一步步前进的。但是，设定目标最高效的方法则是与实现目标的过程正好相反，运用"剥洋葱法"，由将来到现在，由大目标到小目标，由高级到低级层层分解。

第二种，多杈树法。目标分解体系类似于树杈。树干代表大目标，每一根树枝代表一个小目标，叶子代表即时的目标，即现在要去做的每一件事情。

多杈树目标分解法中，大目标与小目标之间具有以下逻辑，见图5-8。

小目标是大目标的条件	01	
大目标是小目标的结果	02	
小目标的实现之"和",一定是大目标的实现	03	

图 5-8　多杈树目标分解法大小目标内在逻辑

　　在使用多杈树法进行目标分解时，首先写下一个大目标，然后问，实现该目标的条件是什么？列出所有的必要条件与充分条件。完成这些条件，其实就是达成该大目标之前必须要达成的小目标。画出每一个小目标，它们就是大目标的第一层"树杈"。接下来，再问要实现这个小目标的条件是什么？列出达成每一个小目标的所有必要条件与充分条件，变成各个小目标的第二层"树杈"……依此类推。直到画出所有的"树叶"——即时目标为止，才算完成该目标的多树杈分解。每一个目标最后都可以被描绘成一棵"枝繁叶茂"的大树。

　　检查多杈树分解是否充分、完全时，只需从叶子到树枝再到树干，不断地问：如果这些小目标均达成，那么大目标一定会达成吗？答案若"是"，表示分解已完全；若"不一定"，则表明，所列的条件（小目标）还不够充分，然后继续补充被忽略的树枝，即小目标。

5.6 选对沟通工具，沟通效果加倍

著名的"沟通漏斗"理论表明，人们在沟通时，用言语表达心里100%的内容时，讲出来便只剩下80%，而当这80%的内容进入到别人的耳朵时，由于文化水平、知识背景等差异化的原因，便只留存了60%。实际上，真正被别人理解了、消化了的消息大概只有40%。实际工作中，很多人都有这样的体会：同样的事情，有时用邮件沟通需要几天的时间，如果通过电话沟通则只需要几十分钟；而在电话里花费几十分钟都沟通不清楚的事情，当面沟通则只需要几分钟。这就是不同的沟通工具在沟通过程中起到的作用不同。管理者在与员工沟通时，选对沟通工具，能让沟通效果倍增。

面谈

实际工作中，语言并不是沟通的唯一方式。除语言之外，沟通对象的行为举止能够更加便于判断其真实的意愿。相关研究表明，人们在沟通的时候，文字部分传达的信息不到总量的10%，而语气语调中包含的信息量为30%，更大一部分则在于双方的眼神、表情、肢体语言等。面谈，能够让沟通双方进行全面地交流，通过对方各方面的表现，准确判断沟通信息。因此，面谈是一个重要的沟通方式。

面谈过程中不仅可以听到沟通对象的语言，还可以看到其肢体动作和面部表情，因此，可以使双方最高效、最充分地理解彼此的想法。再根据

对方的反馈及时纠正可能的理解错误，从而减少信息误解，提升工作效率。并且，在面谈过程中，可以根据交谈对象的言行举止，来判断哪些话题对方可能会感兴趣，从而知道哪些话该说，哪些话不该说，哪些话可以点到为止。然后充分利用沟通技巧，用对方能够接受的方式准确传递预期的沟通目标。

管理者在与员工沟通时，如果条件允许，应将面谈作为沟通工具的首选。

电话

与面谈相同，电话沟通同样是一种需要沟通双方放下手中的工作，同时就一件工作进行交流的同步式沟通方式。电话沟通虽然无法像面谈沟通那样将沟通双方的各项信息全部展示出来，但是，却能够实现远程推进工作的进展。而且在电话沟通过程中，可以明确感受到对方的语气和语调等情感信息，从而把控沟通交流的节奏。

在电话沟通中，通常几句话便能让对方在最短的时间内知晓事件的进展，使沟通更加简单、直接、有效。还可以根据事件的进展交流、沟通意见，从而对整个事件做一定的调整。例如，督促对方向前推进某个环节，或提醒对方查看某个邮件或者文件，加深对方对该事件的重视程度。根据电话沟通的特点，可以看出电话沟通适用于大多数的一般性沟通场合。

电话沟通具有以下优势，见图5-9。

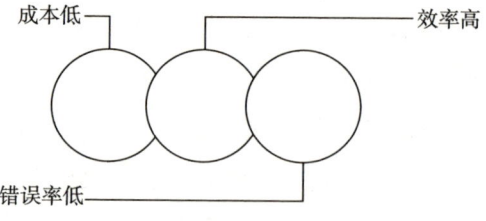

图5-9　电话沟通的优势

但是，电话沟通的方式也存在不足之处，例如，由于电话沟通需要沟通双方放下手中的工作来进行同步沟通，所以，会干扰对方当前的工作。

第5章 沟通：管理者先"说好"，员工才能"做好"

而且，由于电话沟通时，双方需要不断用语言来表述意见，所以，造成了沟通过程的记录不便。

邮件

与面谈沟通和电话沟通不同，邮件沟通是一种异步沟通，不需要沟通双方放下当前正在进行的工作，所以，不会对沟通双方的工作造成干扰。总体来说，使用邮件沟通方式，沟通双方的独立空间更大。同时，由于私密性较强，所以不会被第三方打扰。并且，邮件沟通的过程和内容会以书面的形式保留下来，因此，可以记录时间发展过程，可塑性较强，也可对信息深入思考。并且，使用邮件沟通，收方与发送方不需要同一时间参与，时间要求较低。同时，由于互联网的特性，邮件沟通还有易于转发传播的特点。

但是，邮件沟通的表达力有限，不能及时有效地传达信息。除非双方或多方已经对沟通的信息达到高度一致，否则很容易产生误解。除此之外，由于邮件需要以文字的形式进行沟通，这也意味着在沟通的过程中，会由于打字耗费掉更多的时间。

总体来说，邮件沟通具有不干扰对方，让沟通双方有时间就沟通内容做深入思考并完整记录等优势。但是，邮件沟通的即时性较差，沟通效率较低。其适合的主要场合有以下几种，见图5-10。

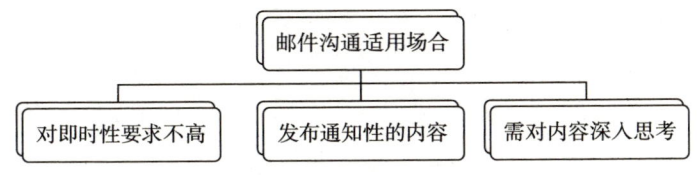

图5-10　邮件沟通适用的场合

即时沟通工具

随着互联网的兴起，微信、QQ逐渐成为了办公沟通的常用工具。作为一种辅助性的沟通手段，建议在以下两种工作方式时使用微信或QQ。

第一，在工作群中发一些简短的通知性信息；第二，多人远程视频会议。微信和 QQ 除了文字方式的即时通信外，还具备语音通信、视频通信和文件传输的功能。

  总体来说，以上几种沟通工具并不是单独存在的，为了更好地提升沟通效率，需要交叉使用。如果在同一个办公环境中，应尽量采用面谈沟通 + 邮件备忘的沟通工具组合；十分重要的项目且条件允许的前提下，应尽量采用面谈沟通 + 电话跟进 + 邮件备忘的沟通工具组合；一般点对点情况下，应尽量采用电话沟通 + 邮件备忘的沟通工具组合；条件不允许见面且需要开会的时候，推荐微信多人视频会议 + 邮件备忘的沟通工具组合。通告性的发布内容、工作报告、已经口头沟通过的且达成一致的工作内容则需要单独使用邮件的方式进行沟通。

第6章

培养：新手和高手只差一个"训练"的距离

任何高手都不是天生的，而是后天培养出来的。为了最大限度释放员工潜能，不仅要依靠员工自身的努力，还需通过各种培养与培训活动进行能力加持。新手和高手只差一个"训练"的距离。只要培养方法得当，"菜鸟"也能成为职场高手。

6.1 高手=1%的天赋+99%的训练

不少企业管理者都存在着这样一种想法：希望员工一进公司就给能给公司创造极大的价值，且能持续创造价值，如果不能就是他离开公司之时。而存有这种想法的管理者，其企业发展都是极其有限的。员工本身就有的能力，确实非常重要，但任何人都不是天生的高手，都是需要后天训练和培养的。所以，要想让员工给企业持续创造价值，企业就要给员工成长的机会。企业对员工进行培训，可增加员工的职业技能，提高员工的综合素质。同时，培训也是对员工的一种激励，能提高员工对企业的忠诚度。

可以这么说，培养员工对于企业和员工来说是一种双赢，员工的潜能承载着企业未来发展的可能。帮助员工成长、发展、达到个人目标，其实也是在帮助企业完成目标。

微软，被称为"致力于PC"软件开发的、世界上最富有的公司，它的市场价值达到2000亿美元，排名全球第二。这个成绩源自于背后的创新能力，而它的创新能力又是来自什么呢？很显然就是人。

微软创始人说过："员工才是微软最有价值的财富。"虽然如此，但是微软每年都在裁员，甚至还制定了1.8万人计划。之所以有这个计划，是因为微软真正关注的不是如何雇佣很多的员工，而是如何才能让这些员工最大限度发挥出自己的才能。而这，就涉及到了全球都在关注的微软的人才培养之道。关于微软的人才培养之道，最有特点的就是以下几点：

1. 特殊招聘

一开始就选择最适合微软的、最具有潜能的员工。微软对刚毕业的学生最感兴趣，每年都会走访美国 50 所大学，他们认为刚走出校门的员工是最有潜力的，经过适当的培训就能为成为人才。此外，还通过"挖墙脚"的方式成立了招聘人才快速反映小组，专门负责搜集世界各地那些潜力十足又尚未得到好发展的人才的信息，并拉拢他们来微软发展。

2. 独特的员工培训体系

通过"职业模式+能力/技能差距+业务差距"的模式来制订培训的内容、时间、对象。其员工能力增长分配，见图 6-1。此外，每个团队的负责人都会与员工讨论他们的发展计划，为员工提供符合他们需要和企业需要的培训计划。

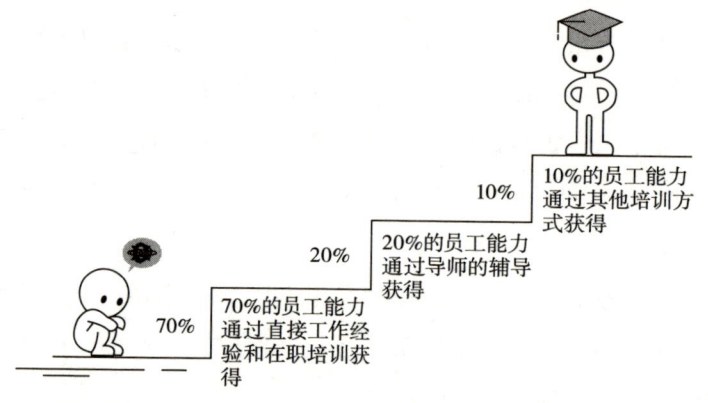

图 6-1 微软员工的能力增长分配

3. 导师制

在微软工作的员工，可以自由申请或者由公司为员工分配一名导师型搭档，帮助其制订个人职业规划，并在其专注领域提供各种帮助。

微软的工作并不轻松，但是大部分员工却都希望留在微软，因为在这里，"只要你想学，任何技术都可以学习；只要你想做，任何产品都可以接触。"

第6章 培养：新手和高手只差一个"训练"的距离

微软用这种无私的"人才培养"之道，在释放员工无限潜能的同时，也帮助自己不断地提升创新能力。

具体来说，对员工进行培训，可以起到以下几种作用：

1. 增强员工对企业的向心力

一家企业能不能留住人才，就看员工是否和企业有共同的价值观，是否对企业有向心力。而这都是需要培养的。所以企业应该不断地进行员工培训，向员工灌输企业的价值观，养成良好的规范行为，让员工能够自觉按照惯例工作，从而形成良好的、融洽的工作氛围。同时，通过培训也可以增加员工对企业的认同感，增强员工与员工、员工与管理者之间的凝聚力及团队精神。

有资料显示，百事可乐公司曾对深圳分公司的270名员工进行了随机调查。调查结果显示，其中参加培训的员工达到了99%，而表示对自己所从事工作满意的员工达到80%，表示愿意继续留在公司工作的员工达到87%。由此可见，培训不仅能起到提高员工技能的作用，更能起到增加员工对企业向心力的作用。

2. 提升人事匹配并更好地履行岗位职责

在员工培训体系中有一个重要内容就是岗位培训，其中岗位规范、专业知识和专业能力的要求是岗位培训的重要目标。员工在就任某个岗位后也需要不断地进步与提高，参加更高层次的技术升级以及职务晋升等方面的培训，使其能力达到岗位规范的更高一层标准，以便将岗位工作任务做得更出色。

3. 激励员工工作积极性

员工培训是一项重要的人力资源投资，同时更是一种有效的激励方式。根据相关调查，培训是许多人才加入企业看重的一个条件，因为金钱对于本身就有能力的员工来说，其效果只是暂时的，并不能长久，他们更看重的是能否通过工作得到更好的发展和能力的提高。

4. 为企业创造更大的效益

培训能提高员工的工作能力,而这些工作能力反哺到工作中,就能给企业创造更大的效益。这一点,百度就做的非常好。在新员工入职前,就开始了培训计划。百度的新员工如果想顺利入职,就必须通过一个为期5天的封闭培训,项目为"零点突破",让员工从一个什么都不懂的校园人,蜕变成一个有激情有梦想、讲方法能实战的职场人。在这5天中,百度会给员工安排各类基础的培训课程,还会安排大家一起做任务,培养工作默契度。经过培训的新员工,在面对工作时就能迅速入手,和团队一起顺利地完成项目任务。

高手都不是天生的,都是需要后天培养的。企业不要忽视人才培养的重要性,它带给企业的好处远远不止上述的四点。

6.2 建立培训机制，系统的才是有效的

培训是一种有组织的知识传递、技能传递、标准传递、信息传递、信念传递以及管理训诫行为。培训普遍存在于企业管理中。员工通过培训，能够迅速提升工作能力，在短时间内掌握工作技能，了解工作标准，融入工作环境。在员工培养方面，同样离不开培训。在企业内部建立完善的培训机制，给员工提供系统的培训，才是最有效的员工培养方式。

华为员工众多，在员工培养方面，华为同样非常重视培训。华为对于新员工的培训，主要有以下四个关键点：

1. "721"培训法则

即70%的能力提升来自于实践，20%的能力来自于导师帮助，10%的能力来自于课堂学习。华为在不断发展的过程中，不断优化其特有的培训体系，在培训指导思想上进行了较大的调整。近些年来，已经由之前的授课式培训和网络化授课方式，转变为了"721"培训法则。

2. "三个阶段"环环相扣

华为对新员工的培训，主要分为三个阶段：入职前的引导培训、入职前的集中培训以及入职后的实践培训。其中，入职后的实践培训是培训的关键阶段。

华为将每年的校园招聘安排在11月份。经过层层筛选，华为会筛选出一部分与企业发展要求相符合的"拟录用人员"。对拟录用的人员，华为

会将他们安排到各个业务部门,并将每人的导师提前安排好。并且,为防止拟录用人员在毕业前这个阶段有变化,每位导师必须每个月给自己的学员打一次电话。通过电话进行沟通,了解他们的个人情况、精神状态、毕业论文进展、毕业离校安排等情况,帮助其做好离校前的各项事务,并向他们介绍未来岗位的基本情况,督促其提前了解、学习岗位知识。为他们顺利走向岗位做好思想上的准备。

新员工入职后,要全部到深圳总部进行为期一周的集中培训。让新员工了解企业的相关政策规定以及基本行为规范。

集中培训结束后,华为会针对每个新员工在培训过程中的表现,为其安排具体的工作岗位,并进行有针对性的实践培训。不同工种的新员工实践培训的重点不同。例如,国外营销类员工的培训目标是让其掌握运行流程、工作方法;技术类员工的培训目标是让其对接产品,了解生产线上组装的机器,让其看到实实在在的机器;研发类员工则通过模拟项目,快速掌握一门工具或工作流程。

3. 导师作用发挥到位

华为是最早实行"导师制"的企业,通过老员工带新员工的方式,不仅可以让老员工向新员工传授工作经验,让新员工更快地上手,同时也可以让新员工迅速融入企业。

4. 任职资格与利益挂钩

在华为,有严格的任职资格审核制度。实施这一制度的目的就是让新员工主动学习。除此之外,还要进行严格的考核,从而形成对新员工培训的有效激励机制。例如,华为的软件工程师可以从一级开始做到九级,九级的待遇相当于副总裁的级别。新员工进来之后,如何向更高级别发展,怎么知道差距,华为有明确的规定,比如一级标准是写万行代码,做过什么类型的产品等,有明确的量化标准,新员工可以根据这个标准进行自检。

第6章 培养：新手和高手只差一个"训练"的距离

依据企业发展战略，建立员工培训机制

企业进行的一切工作，一定是与总体发展战略相吻合的。因此，在建立员工培训机制时，首先要明确企业的发展战略，定位企业培训。通常，企业的培训体系应包括以下几个要素，见图6-2。

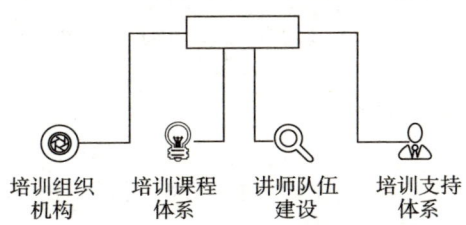

图6-2 培训体系构成要素

员工培训机制的构建，必须从企业自身的特点和实际出发，结合人力资源结构、政策。除了要搞清楚培训机制所包含的内容和本企业的培训现状，还要注意以下问题：

1. 密切结合企业的发展战略和现状

企业所进行的任何一项经济行为，都要符合自身的发展战略和现状，培训也是一样。因此，员工培训机制的建设必须密切结合企业的实际和发展战略的要求，培养符合企业发展战略的人才，并最终实现企业、股东、员工、客户乃至社会的共赢。

2. 维持层级和职能上的均衡

实际工作中，企业往往重视对于骨干员工以及核心员工的培养，而对于普通员工的培训工作则欠缺应有的重视。但是，只有全面提升全体员工的能力，企业的综合能力才能增强。因此，在课程体系的建设上，要保证每个员工在不同的岗位上都能接受到相应的训练。这就要求在设计课程体系时，需要从横向和纵向两个方向去考虑。

纵向是要考虑从新员工到高层之间各个不同的级别，针对每个级别不同的能力要求，设置相应的培训课程；横向指是各职能部门，这些职能部门要完成工作需要哪些专业技能，以此寻找培训的需求并设计相应的课程。

3. 征询有关部门的建议和要求

员工培训机制的建立，不只是培训部门或培训管理员的事，需要得到领导的大力支持，同时需要其他部门的积极配合。培训体系中的任何一项工作，都不能只靠培训部门孤军奋战，一定要上下达成一个共识。

构建培训成果转化机制

员工培训，在提升员工工作能力的同时，最终目的是要落实到增强企业的综合实力与市场竞争力。员工培训后，要将其学到的知识转化为能够为企业创造实际价值的能力。培训活动仅是一个开始，培训成果转化机制的建立才是问题的关键。企业不仅要建立员工培训机制，还要构建培训成果转化机制。培训成果转化机制主要包括以下三个子机制：

1. 培训激励子机制

很多人认为，培训成果的转化，是在培训完成后，实则不然。培训的转化应该属于培训前激发受训者的转化愿望。在构建培训激励子机制时，应做好以下几项工作，见图6–3。

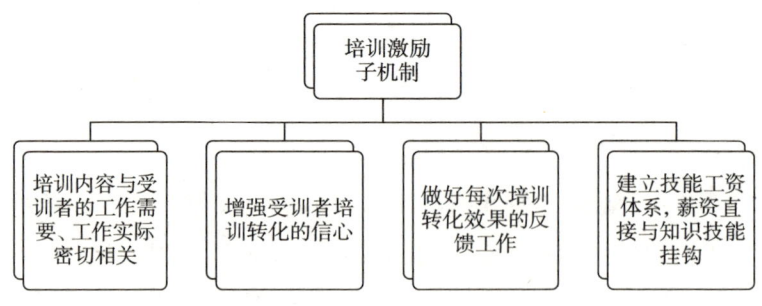

图6–3　建立培训激励子机制

2. 反馈与考核子机制

在员工参与培训之后，培训负责部门要与其他有关部门继续对受训员工在工作岗位上转化培训成果的情况进行跟踪，并将转化的情况及评价向

第6章 培养：新手和高手只差一个"训练"的距离

他们通报反馈。

在培训课程结束时可要求受训者制订行动计划，明确行动目标，确保回到工作岗位上能够不断地应用新学习的技能。学员在培训结束后，应积极主动将所学内容应用到实际工作当中。

3. 建立培训员工交流网络

企业可通过在员工之间建立联系网络来增强培训成果在工作中的应用。联系网络可以由两个或两个以上的员工组成，通过面对面的沟通交流或通过电子邮件进行沟通，使员工可以讨论所学技能在工作中应用的进展，并共享成功经验。

企业还可以利用内部简讯形式指导员工进行培训成果转化，在简讯中专载访谈录，共享成功应用新技能的案例，并向员工推荐一名以前参加过同样的培训项目、有经验的员工作为咨询人员，来提供与培训成果转化问题有关的建议和支持。

6.3 想要培养员工成高手，自己先应是高手

释放一个人潜能的最佳方法，莫过于培养。作为管理者，可以通过一定的专业知识与技能的培养，不断挖掘下属的潜能。但是，这需要一个重要前提，就是我们本身就是该行业的高手。如果自己的能力没有达到一定的高度，培养下属就会有心无力。因此，我们要在工作中不断精进，成为该领域的高手。

提高自己核心优势中的专业能力

作为一个管理者，具有核心优势与超强的能力，既是培养员工的基础，也是让员工信服自己的资本。因此，我们在"修炼"自己时，首先要提高自己核心优势中的专业能力。

1. 构建专业知识地图，即知识树

每个领域、每个岗位都有自己专业的知识地图。要想成为该领域、该岗位的高手，首先要构建专业知识地图。知识地图是动态的，需要不断对其中的知识进行更新，而非固定不变。在提高自己核心优势中的专业能力时，首先要构建专业知识地图。

构建专业知识地图，主要有思维导图和康奈尔笔记法两种工具。

思维导图是用图表表现的发散性思维。发散性思维过程也就是大脑思考和产生想法的过程。思维导图具有以下三个特点，见图6-4。

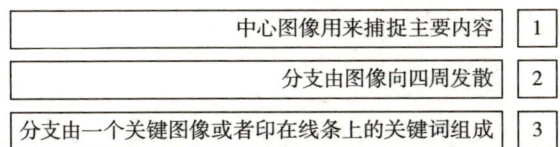

图 6-4　思维导图的特点

康奈尔笔记法又称为 5R 笔记法,其主要操作步骤,见图 6-5。

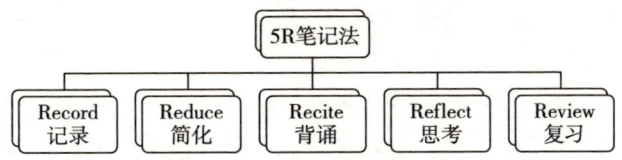

图 6-5　5R 笔记法操作步骤

在明确了构建专业知识地图的两个工具后,还要明确具体步骤:

首先,确定需要加入专业知识地图的内容。专业知识地图,其核心是知识内容。因此,在构建专业知识地图时,我们首先要确定相关的知识内容。

其次,搭建知识组块。通过搭建知识组块的方式,可以将分散的信息碎片进行组合。

最后,及时复习。专业知识地图的构建,不仅仅在于知识内容的确定与知识模块的组建,要想能够将知识灵活运用在实际工作中,就要及时复习,灵活掌握。

2. 取得相关资质

几乎在每个领域,都有相关的资质。例如注册会计师、心理咨询师、特一级厨师等。作为管理者,如果能够通过考试获得自己所在领域的相关资质,不仅可以证明自己的能力,还能在学习的过程中提升专业能力。

3. 不断积累工作案例

作为管理者,在工作中不仅要有完善的专业知识体系,还要有灵活处理突发情况的能力。这也是一个职场高手所应具备的能力。因此,我们需要不断积累工作案例,不仅要做好自己负责的工作项目,同时,也要关注同行业的具有代表性的工作项目,认真分析,从中总结共性和个性,不断增加自己在这个领域的经验值。

4. 不断交流个人经验

要想提升专业能力，不仅要靠个人的学习和积累，还要与同行业的优秀者不断交流经验。通过相互交流，才能够发现"新大陆"，不断补充自己的知识储备，强化专业能力。

通过刻意练习让自己成为高手

刻意练习是为了达到一定目标而进行的练习。刻意练习的本质在于创造了心理表征。各行各业之间心理表征的细节具有极大差异，但基本上，这些表征是信息预存的模式，比如事实、图片、规则、关系等。杰出者区别于普通人的因素在于创建的心理表征的质量与数量不同。通过多年的练习，杰出者针对本行业或领域中自己可能遇到的各种不同局面，创建了高度复杂和精密的表征。例如，面对一份上市公司的财务报表，普通投资者大多只能看出盈亏和数字大小罢了，而投行精英会就几个关键指标进行分析，而且可以调动类似案例进行比较，甚至联想历史上金融危机时的种种情况，从而做出投资决策。刻意练习是个人技能提升的必经之路，是从新手到优秀，优秀到卓越的必经之路。我们可以通过刻意练习，让自己成为高手。

实际上，刻意练习中的刻意，指主动学习，有意识地攻克特定的弱点，而非仅仅做简单的复制动作。要做到刻意练习，就要先做到"三个F"，见图6-6。

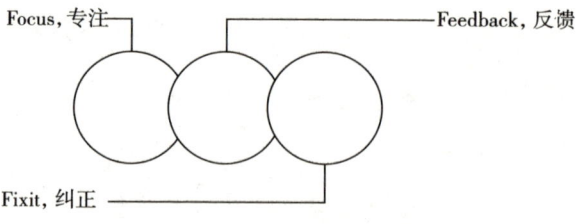

图6-6　刻意练习"3F"

刻意练习，主要有以下方法：

第6章 培养：新手和高手只差一个"训练"的距离

1. 明确目标

任何工作的成功开展都需要有明确的目标。只有确立了明确的目标，之后具体的实施过程才会朝着正确的方向进行。一旦偏离工作目标，之后做的工作都将是无用功。

例如，练习打字。在达到 70～80 词/分钟的水平后，一直没有什么大突破。你不知道问题出在哪儿。假若你发现每次在输入"ac"或者"ca"的字母组合时存在问题，那么，你可以练习一系列包含这两个字母组合的单词，如 access、acid、account、calorie、career 等，诸如此类，反复练习，这样才能有所突破，而不是一次又一次毫无目的地练习打字。

2. 保持专注和投入

任何人要想通过刻意练习提升自己的能力，都要在学习过程中保持高度的专注度，并投入大量的精力。因此，在刻意练习的过程中，制订明确的目标，把练习课程的时间缩得更短。在较短的时间内投入百分之百的努力来练习，减少投入的时间，提升学习效率。一旦发现自己再也无法有效地专注于练习了，那便停下来。

3. 获得反馈

一些人即使进行了刻意练习，同样没有获得进步，究其原因，是因为没有反馈。没有及时反馈，不仅无法找出当前阶段学习过程中存在的问题，还会导致下一阶段的学习没有重点，只能毫无目的地反复做同一件事情。而如果能够及时反馈，就能够找出不足，并聚焦于该方面取得进步。

相关理论把人的技能练习分为三个区域：第一个区域是"舒适区"，是我们已经熟练掌握的各种技能；第三个区域是"恐慌区"，是我们暂时无法学会的技能，如果一定要挑战自己，会给自己带来很大的恐慌；二者中间则是"学习区"。学习区有各种不舒服，有一定的挑战但是难度系数不算太高。有效的练习任务必须精确地在受训者的"学习区"内进行，并具有高度的针对性。真正高手的练习不是为了打发学习时间，而是要在"学习区"持续地做自己做不好的事情。

6.4 导师制度：名师才能出高徒

企业导师制是培养员工、规划员工职业发展的重要手段。企业的发展、员工的进步，表现为核心员工和后备干部能够迅速成长、新员工能够迅速进入工作角色，获得更广阔的成长空间。导师制恰恰满足了这种要求，它提倡分享知识与智慧，提倡通过沟通与交流提升企业信任感与忠诚度，有利于培养后备干部及核心员工的责任感和管理水平，实现企业与员工的共赢。

华为是国内最早实行导师制的企业。通过导师制，华为的员工培训工作得到了明显的提升。

华为在导师的选择上有明确的规定。导师必须符合两个条件：一是个人工作绩效必须出色；二是必须充分认可华为的企业文化。同时，为了确保工作成效，华为规定，一个导师最多只能带两名新员工。

导师在带新员工期间，公司会每月单独给他发一笔钱，连续发半年，这笔钱做什么用？是导师定期请员工吃饭、喝茶，增加沟通；帮助外地员工解决吃住安排，甚至解决情感等问题。总之，导师要在员工入职之初，给予他工作和生活上全方位的辅导和帮助。

为了保证激励效果，保持导师的积极性，华为对导师设置了相应的激励政策。一是晋升限制，规定凡是没有担任过导师的人，不能得到提拔；二是给予导师补贴；三是开展年度"优秀导师"评选活动，以及导师和新员工的"一对红"评选活动，在公司年会上进行隆重表彰。这些措施，激发了老员工担任导师的积极性,增强了其带好新员工的责任感。

华为在实行导师制时,对导师和"学生"都有非常明确的要求,并且和个人的发展紧密挂钩,从而保证了导师制的落地以及作用的发挥。

导师制使老员工与新员工之间隐形知识的传递成为了可能。在员工培养中,操作技能方面的传递相对简单,但是,隐形知识的传递却相对困难。导师制通过导师和学员的一对一结合,通过日常工作或者项目,让学员在导师的指导下掌握一些隐形知识。在导师制实行之前,通常会对导师进行相应的专项培训,这个培训过程本身就是对导师的一个提高过程。因此,导师制还可以提高导师本身的业务能力。

总体来说,导师制与其他人才培养的方式相比,具有以下特点:

1. 关注的不仅是工作上的问题,更多的是个人问题

从"华为的导师制"案例中可以看出,导师不仅要向学员传授专业的工作技能和知识,还要关心员工的生活问题,帮助员工解决人际方面的困惑,以及对企业氛围和企业文化的理解偏差问题。

2. 鼓励长期的"一对一"的支持性关系

导师制采用一对一的指导方式,因此,特别适合解决员工职业生涯发展进程中产生的各种个性化的问题。而绝大多数人才培养项目都是短期的、针对群体的,只适合解决普适性的问题。

3. 导师言传身教的榜样作用

企业在实行导师制时,导师的选择通常非常严格。所选择的导师通常都是企业中经验丰富、工作业绩突出的员工,其本身在工作中已经取得了非常高的成就。在教学的过程中,导师可以作为学员学习的榜样,言传身教。

4. 隐形知识的传承

培养员工时,不论是开展培训班,还是开展座谈会,基本都是显性知识的传承。而导师制由于是导师与学员之间的互动,则可以从相互接触中学习到诸如为人处世的方式、想问题的思路、动态解决问题的能力、艺术

化的领导技巧等隐性知识。这些隐性知识对于人才培养的促进作用往往更加显著。

了解导师制实行的困难

导师制在人才培养方面的作用非常明显，但是，在目前的企业管理中，导师制的实行存在许多实际困难。其原因主要在于以下几个方面：

1. 导师工具缺乏

现今，虽然导师制已经被越来越多的企业重视，但是，目前并没有非常有效的工具对导师的指导工作进行衡量。

2. 企业对导师制缺乏足够的认识

由于认识不足，很多企业仍然把推行导师制理解为几天的培训。企业要想通过导师制快速培养人才，就要加强对导师制的认识和理解，在企业内部建立一个完整的系统来运作导师制。

3. 导师资源匮乏

实行导师制，高质量的导师是关键。很多企业内部导师资源匮乏，没有经验丰富、能够胜任辅导工作的老员工。在这样的情况下，导师制的实施效果则会不理想。

4. 导师和学员的关系处理

把握好尺度，对于导师计划的成功实施至关重要。很多企业，学员不懂得导师角色的含义。有的员工甚至把"导师"当作"字典"来用，经常事无巨细，一遇到困难就找导师求助，弄得导师哭笑不得。这对"导师"尤其是公司高管来说，是时间上的一种浪费，也会令导师丧失辅导的积极性。还有一些员工，企图通过导师获得加薪、升职的机会，这也给企业的正常管理带来不便。

5. 文化差异对导师制的影响

一些企业需要跨国实行导师制，文化差异会对导师制的实施效果产生巨大影响。

避免问题，成功使用导师制

为了避免导师制实行过程中出现的问题，可以从以下几个方面入手：

1. 导师选拔避免指定，采用自愿报名，推荐＋选拔的方式

为了保证导师质量，要严格控制导师选拔过程。不是每个人都能够当好导师的。导师首先需要乐于助人、乐于分享，还需要有很好的沟通能力。选拔出具有这种特质的人是成功的关键；其二，这样的选拔过程也让大家觉得当导师很光荣，是需要经过严格选拔的。

2. 建立相应的监督机制

利用监督机制，能够对导师培训过程进行监督，保证辅导结果。监督机制可以采用考核加分、优秀导师评比、搜集学员反馈等方法。

3. 提供必要的支持系统

例如表格、工具、时间、交流机会等。

6.5 高手速成，用 180 天训练就够了

不论是经营管理还是员工培养，最终目的都是实现业绩增长以及利润提升。培养员工花费的时间越长，人力成本就会越高。为实现利益最大化，就要花费最少的成本，培养出最优秀的人才。为实现这一目标，管理者就要掌握高手速成的方法，用 180 天，将一个新人小白培养成职场高手。

第一阶段（3—7 天）：新人入职，帮助其熟悉环境与业务

新人在入职之初，对企业的环境、人员构成以及业务范围都没有详细了解，这时，如果强行灌输工作内容，他一时间也很难上手。因此，需要利用 3~7 天的时间，帮助他熟悉企业环境与业务，以便快速融入企业中。在这一阶段，作为管理者，要做好以下几点工作：

（1）给新人安排好工位，让他拥有自己的办公位置，并介绍他周围的同事相互认识。在这一环节，要保证他对同事有一个较为详细地了解。

（2）在部门内部开一个欢迎会，或者通过聚餐的形式，介绍部门里的每一个成员，让其相互认识、了解熟悉。

（3）新人的直接上司与其进行单独沟通，将企业的文化、发展战略等传递给他，并详细了解新人的专业能力、家庭背景、职业规划、兴趣爱好等。

（4）HR 主管将新员工的工作职责、发展路径以及工作价值进行详细告知，让其明确自身定位以及未来的发展方向。

（5）直接上司派发其第一周的工作任务，包括新人每天需要做什么、怎么做、与任务相关的部门负责人是谁。

（6）发现新人在工作中出现失误或者偏差时，及时予以纠正，但是不作批评。当发现其在工作中具有良好表现时，要及时肯定并表扬。每天的工作结束后，要与其共同复盘当天工作，检查工作量，寻找工作难点。

（7）促进老员工与新员工的接触，消除其在团队中的陌生感，使其尽快融入团队。可以让新老员工一起吃饭、聊天。需要注意的是，不要在第一周时谈论过多的工作目标，让其感受到工作压力。

第二阶段（8~30天）：新人过渡，让他知道如何能做好

这一阶段应该帮助新员工逐渐深入工作，进入工作状态。为了帮助他完成角色过渡，可以采用以下几个方法：

（1）带领新员工熟悉企业环境和各部门人员，帮助其了解发送邮件、传真、电脑维修以及接听内部电话等工作细节问题。

（2）将新员工安排在老员工周围，方便老员工对其进行指导。

（3）随时观察其工作状态和情绪，如存在压力，则要及时调整。

（4）适时向其传授经验，让其在实际工作中学习技能。

（5）对其在工作中表现出的成长和进步及时进行表扬，并掌握合适的时机，向其提出更高的期望。

第三阶段（31~60天）：让新人接受挑战性任务

利用适当的时机给予适当的压力，让其接触一些具有挑战性的工作，能够有效提升其工作能力。在这一阶段，要掌握施压的时机和力度，避免适得其反。

（1）明确新员工的长处以及掌握的技能，帮助其明白工作要求以及考核指标。

（2）通过团队建设活动观察、挖掘其更多的优点和能力，在之后的工作中扬其长避其短。

（3）如果新员工出现了失误，管理者要观察其面对困难的态度与行为，确定其培养价值。

（4）如确定其无法胜任当前的岗位，要根据其能力安排其他部门，提供多种机会，避免一刀切。

第四阶段（61～90天）：表扬与鼓励，建立互信关系

很多管理者之所以无法提升管理工作效果，一个重要的原因是因为忽略了表扬与鼓励的作用。多表扬、多鼓励，能够极大地提升员工的自信心，从而激发其潜能。通常，表扬员工需要遵循三个原则，见图6-7。

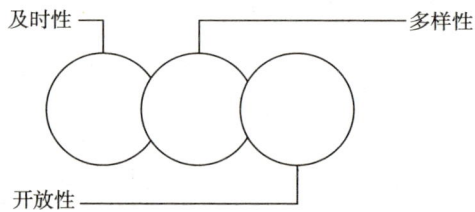

图6-7 表扬员工三原则

（1）当员工完成了具有挑战性的工作、在工作中取得了进步时，要及时表扬，体现表扬的及时性。

（2）避免总是采用同一种方式表扬员工。要采用多种表扬形式，给其创造不同的惊喜感，体现表扬的多样性。

（3）向同事展示其工作成绩，并鼓励其分享成功经验，体现表扬的开放性。

第五阶段（91～120天）：让新员工融入团队，主动完成工作

团队合作是取得好成绩的重要因素。新员工往往不缺乏创造力，但是，由于与团队成员不熟悉，团队合作方面表现较弱。因此，要让新员工融入团队，主动完成工作。

（1）鼓励其踊跃参与团队会议并积极发言，在其发言完毕后，要给予一定的鼓励和表扬。

第6章 培养：新手和高手只差一个"训练"的距离

（2）经常在团队中分享成长经验、团队建设、任务流程等内容。

（3）与新员工共同探讨工作任务处理的方法与建议，如果其提出了好的建议，要及时予以肯定。

（4）及时解决新员工与老员工之间的矛盾。

第六阶段（121天~179天）：赋予员工使命，适度授权

通常，经过前三个月的工作，新员工会转为正式员工。当新员工真正成为企业的一分子后，就要赋予其工作使命，适度授权，管理者的管理中心也要随之转入以下几点：

（1）帮助员工重新定位，使其重新认识工作的意义、价值、责任，让其找到工作目标和方向。

（2）不断关注，及时消除其负面情绪，对于其提出的较为负面的问题，要给予积极正面的答案。

（3）让其感受到企业的使命，放大企业的愿景、文化价值、战略决策和领导意图等，聚焦人心和文化落地、聚焦方向正确和高效沟通、聚焦绩效提升和职业素质提升。

（4）及时分享企业的重要成就，并不断激励。

（5）适度授权，让其自行完成工作。但是，授权并不等于放权，需要有技巧地掌握授权的程度。

第七阶段（180天）：总结，制订发展计划

通过六个月的工作，对于员工各方面的情况都有了详细地了解。这时，要帮其做一次正式的评估与发展计划，一次完整的绩效面谈通常包括以下6个步骤：

（1）每个季度保证至少1~2次1小时以上的正式绩效面谈。面谈之前，要做好充分准备，谈话要有理有据。

（2）绩效面谈要做到：明确目的、员工自评（做了哪些事情、有哪些成果、为成果做了什么努力、哪些方面做得不足、哪些方面和其他同事有

差距等）。

（3）领导的评价：包括成果、能力、日常表现。要做到先肯定成果，再说不足，谈不足的时候要有真实的例子做支撑。

（4）帮助员工确定工作目标，持续检查其工作进度，并为其提供必要的支持。

（5）为员工争取发展机会，时常与其探讨未来的发展，至少每3~6个月对其进行一次评估。

（6）为员工提供培训机会，帮助其制订成长计划，并分阶段检查。

6.6 复盘：将你的经验转化为下属的能力

"复盘"，源于围棋，后用于股市收盘后再静态分析市场全貌，回顾并总结当天的走势，从中发现问题，并据此确立自己在之后一段时间内的操作方向，及时调整目标和计划。如今，"复盘"已经成为职场人士的一种重要学习方式。管理者通过复盘工作，可以有效避免同样的错误、固化流程、校验方向、认清问题背后的问题、发现和产生新的想法，同时，将工作经验进行总结，传授给下属，迅速提升下属的工作能力。

找到复盘的三种角色，选对复盘类型

复盘工作是总结工作经验，培养员工的有效方法。要想做好复盘工作，就要对复盘工作有一个大致的了解。

首先，要明确复盘工作的人，即谁来复盘。找对人，是做对事的前提。通常，复盘中共需要三种角色的参与。第一种是引导人。其在复盘工作中的职能是引导，保证复盘工作按照正确的流程进行，避免内容偏离复盘预先设定的方向；第二种是设问人。其职能是设问，通过不停地追问来引发思考，进而得出结论；第三种是叙述人。其职能是叙述，通过对工作的操作过程进行情景重现，回答别人提出的问题，在解答疑问的过程中掌握工作规律，并最终形成自己的工作经验。

其次，根据形式不同，复盘可以分为三种类型，见图6-8。

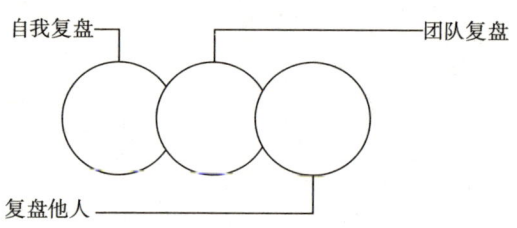

图6-8 复盘的三种类型

其中,自我复盘可以随时进行,是个人获得成长最便捷的手段。团队复盘可以让复盘主导人和成员获得成长。复盘他人,则能够利用一些标杆事件花费最少的成本实现成长。

遵循特定步骤进行复盘工作

复盘工作是对以往工作进行详细地梳理,寻找其中的规律。在这一过程中,稍有偏差,就会影响最终结论的准确性。因此,复盘工作要严格遵循特定的步骤进行,保持结果的准确性与有效性。

1. 回顾目标

工作目标是判定工作过程是否正确、严谨的重要依据。因此,复盘的第一步,就是要回顾工作目标。在这一环节,要明确当初行动的目的和意图、事件或行动的预期目标、预先制订的计划以及事先设想发生的事情等。通常,在回顾目标环节,可能会遇到以下问题,见图6-9。

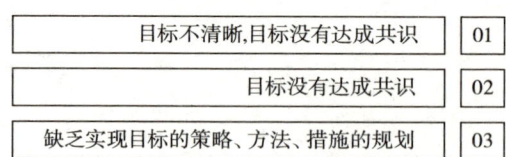

图6-9 回顾目标环节可能遇到的问题

如果遇到目标不清晰的问题,则可以根据SMART原则对工作目标进行重新梳理;如果目标没有达成共识,则需要在复盘时将目标进行清晰地表达;如果遭遇缺乏实现目标的策略、方法和措施,就要群策群力,合理分工。

第6章 培养：新手和高手只差一个"训练"的距离

在明确了目标后，应将目标在较为显眼的位置展示出来，以便在之后的复盘环节时时回顾目标，围绕目标展开讨论，避免中途忘记目标或偏离目标。

2. 评估结果

这一结果指实际工作结果。将结果与目标进行对比，寻找实际结果与预期目标之间的差距。在这一环节，可能会遇到无法还原事实的问题，则可以通过以下方式解决，见图6-10。

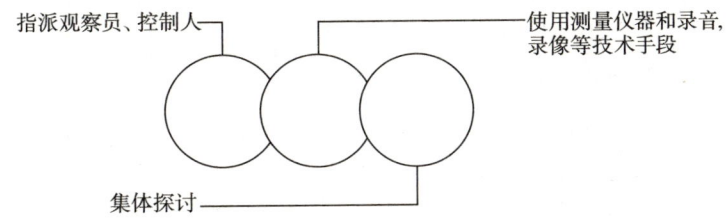

图6-10　"无法还原事实"问题的解决办法

评估结果时，要明确工作过程中实际发生的事情、事情发生的情况、与目标相比哪些地方做得好，哪些地方并未达到预期。

通常，当产品、项目活动或者事件结束后，要及时评估结果，找出其中的优势与不足。

3. 分析原因

根据实际工作结果与预期目标存在的差距，找出其背后的原因。完整分析工作的全过程，找出问题，总结成绩，寻找原因，并发现其中的规律。分析工作过程时，可以将工作的完成过程按照一定的逻辑进行阶段划分。该逻辑可以是时间节点、业绩节点，也可以是业务流程节点。之后，对每个阶段的具体工作，按照可控性程度进行划分。在这一过程中，要解决以下几个问题，见图6-11。

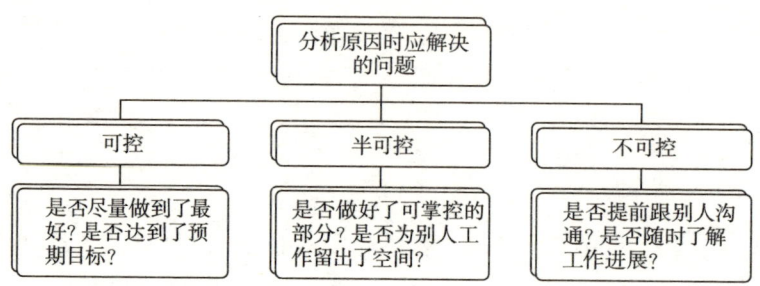

图 6－11　分析原因环节应解决的问题

通过分析原因，总结出自己没有尽力的事情有哪些？在不可控的范围内，自己在哪些地方付出过努力，哪些地方又是无法着力的？这一环节往往是复盘工作中最困难的一步，需要深度思考，采用倒推法，是总结成功或者失败的关键要素。

4. 总结经验

该步骤是复盘工作中最重要的一步，之前三个步骤都是为总结经验做铺垫。在这一环节，要解决以下问题，见表 6－1。

表 6－1　总结经验环节应解决的问题

在工作过程中学习到的新知识与新技能有哪些？
下一阶段应该着手做哪些工作？
哪些工作是可以直接开展的？
哪些工作是需要其他层级的配合才可以开展的？
是否需要向上级呈报？

四个小技巧提升复盘效果

为了提升复盘工作的效果，可以使用以下四个小技巧：

1. 以开放式问题为主体，提出客观性问题，厘清具体工作情景

真实还原工作情景，是复盘准确的基本保证。为了真实还原工作情景，充分暴露问题，就要在复盘工作中以开发式问题为主体，充分了解当时发生了什么、周边的环境是什么样的、竞争对手做了什么、自身的决策

流程如何以及采用了哪些应对方法。

2. 多元化信息激发参与者兴趣，提升参与度

多元化的信息传递能够让参与者听到更多的声音，了解每个人的想法差异，使个人经验在这一过程中被充分分享和阐述，从而提升参与度。

3. 利用思考、质疑引发更加深入地思考

复盘的目的是为了更好地汲取经验、总结规律，因此，深入地思考、质疑是非常必要的环节。在这个环节中，参与者们基于客观信息和大家的经验、感受、联想，进入深层次的讨论。例如，我们当时如果不这样做，还可能会有哪些方法？我们取得成功的因素有哪些？失败的主要原因是什么？有哪些环节我们可以获得更好地改进与提升？哪些细节可以重新梳理？我们忽略了哪些细节？

4. 总结规律，制订行动措施

复盘的最终目的是要总结工作规律，形成工作经验。为达到这一目的，在复盘工作中，要着重注意规律性问题的总结与提炼，及时总结可能关系到工作优化的建议。

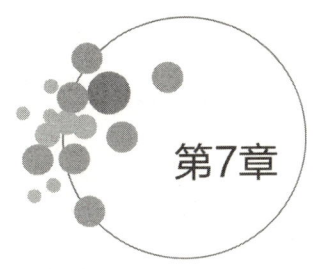

第7章

考核：别让不科学的考核"浇灭"员工潜能

所谓绩效考核，是指考核主体对照工作目标和绩效标准，采用科学的考核方式，评定员工的工作任务完成情况、员工的工作职责履行程度以及员工的发展情况，并将评定结果反馈给员工的过程。科学的绩效考核不但可以有效提升工作质量，还可以与员工聘用、职务升降、培训发展以及劳动薪酬相结合，达到激励员工的效果。但是，不科学的考核方式往往会起到相反的作用。作为管理者，要学会制订科学的绩效考核方式，别让不科学的考核"浇灭"员工潜能。

7.1 个人能力的释放取决于考核的科学性

绩效考核是否科学,决定了个人能力的释放程度。如果绩效考核科学,则可以通过对员工的工作提出合理的要求,给其适当的压力,促进其个人能力的释放;如果绩效考核不科学,极易使其产生负面情绪,不仅无法释放其个人能力,甚至还会起反作用,打击其工作积极性。因此,只有科学、合理的绩效考核,才能真正促进员工个人能力的释放。

"海底捞"作为国内知名的火锅连锁品牌,是餐饮行业的佼佼者。在海底捞,最出名的莫过于其优质的服务。而促使其员工提升自身服务质量的,正是绩效考核。

在考核制度方面,海底捞认为,绩效考核元素越多越复杂,指标越多越容易失衡。因此,海底捞总部对各分店的考核,不考核利润指标,甚至也不考核营业额和餐饮业经常用的一些 KPI,比如,单客消费额等。海底捞的考核只有三类定性的指标:顾客满意度、员工积极性、干部培养。

1. 顾客满意度

顾客满意度是绩效考核中最重要的指标。在海底捞,小区经理是分店店长的直接上级,负责检查各个分店的顾客满意度。由于各个小区经理都是由基层的服务员摸爬滚打才升上来的,因此,他们最清楚如何判断顾客满意度。通常,小区经理会进行不定期的检查,通过与各分店店长的沟通,明确哪些地方是顾客满意的、哪些地方是顾客不满意的、本月的熟客数量是增多还是减少了,以此来判断顾客满意度。

2. 员工积极性

员工对工作是否保持积极的态度，可以从其仪容仪表以及工作中的状态来判断。如果员工仪容仪表干净整洁，工作精神饱满，则可以判断其工作积极性较高。

3. 干部培养

在海底捞，员工职位的升降，需要通过上级领导决定，当上级领导决定后，还需要通过抽查以及"神秘访客"等方式进行复查。并且，为了保证公平公正，海底捞还设立了越级投诉机制，当下级发现上级不公平，特别是人品方面的问题时，下级随时可以向上级的上级直至大区经理和总部投诉。

海底捞的整个绩效考核过程围绕红卡、黄卡、白卡、绿卡和蓝卡五个色卡进行。其中，红卡代表服务，黄卡代表出品，白卡代表设备，绿卡代表食品安全，蓝卡代表环境卫生。出品、设备、食品安全以及环境卫生等四个方面都可以进行量化考核，但是红卡所代表的服务却难以量化。因此，红卡考核只有服务的速度和态度。其中，服务的速度又分为上菜的速度、买单的速度以及出现客人投诉的处理速度。

海底捞采取的是上级考核下级的方式。实际考核中，负责考核的人员会到餐厅中，首先观察客人。其中包括在等候区的时候有无焦急、有没有东张西望到处找人、到了就餐区有没有大喊服务员的现象；其次，观察服务员，包括有无聊天、打盹现象，就餐区是否干净等。

当考核完成后，则要进入打分环节，总结员工最终的考核成绩。在这一环节，海底捞采取的是小区考核门店的方式。由于每个区打的分值不同，因此，其采用绝对值判断，分为A、B、C三个等级。如此，员工无法得知自己的实际排名，因此只能更加努力地提升自己的绩效分数。简言之，海底捞的这一打分方式，要求员工各方面不需要做到最好，但一定要比"他"做得好。

当得出最终的考核结果后，绩效结果会应用于员工的薪酬调整以及职位晋升等多个方面。同时,上级也会与被考核员工就考核成绩进行面对面沟通,针对其表现出的不足予以培训。

海底捞通过科学、完善的绩效考核制度,让员工发挥其主观能动性,充分释放其潜能,使员工在绩效考核中你追我赶,最终实现企业与个人业绩的同步提升。

绩效考核是激发员工能动性、提升业绩的法宝

由海底捞的案例可以看出,绩效考核不论是提升企业业绩,还是释放员工潜能,都有明显的作用。总体来说,其作用主要包括以下几个方面,见图7-1。

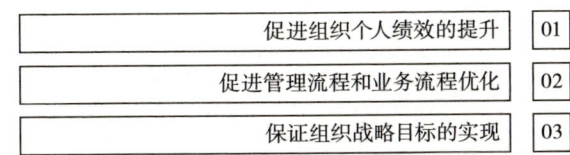

图7-1 绩效考核的作用

把握绩效考核实施原则

绩效考核是激发员工能动性的法宝。为了正确实施绩效考核,我们要掌握绩效考核的实施原则:

(1) 目标设置要清晰。实施绩效考核的目的是为了激发员工主观能动性,让其工作达到企业的目标和要求。因此,绩效考核目标一定要清晰。

(2) 考核标准要量化。很多企业的绩效考核不能推行到位,沦为走过场,究其原因就是标准太模糊,要求没有量化。

(3) 与薪酬、晋升挂钩。如果只有考核,没有相应的奖惩措施,考核在员工心目中就没有威信,其作用就会大打折扣。将考核与薪酬、晋升挂钩,事关其利益和前途,重视程度自然会有所提升。

(4) 考核要有掌控性、可实现性。绩效考核归根结底是企业的一种管理手段,因此,其考核过程必须为企业所掌控。并且,绩效考核要能够实现，才能真正为企业创造利益。

（5）"三重一轻"原则。绩效考核只有渗透到日常工作的每个环节中，才能真正发挥效力。所以，应遵循以下"三重一轻"的原则，见图7-2。

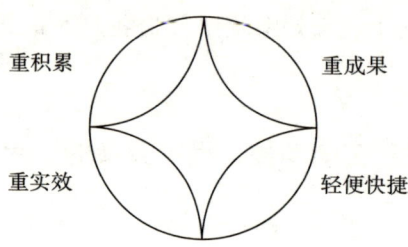

图7-2　"三重一轻"原则

第 7 章 考核：别让不科学的考核"浇灭"员工潜能

7.2 有标准的考核，才是有效果的考核

绩效考评标准，指考评者通过测量或通过与被考评者约定，所得到的衡量各项考评指标的得分基础。考核标准为绩效考评工作提供了依据。通过比较员工的实际工作是否达到了考核标准，可以确定其最终的考核成绩。可以说，有标准的考核才能出效果，考核没有标准，则只能流于形式。

明确考核标准的构成

考核标准主要由以下三个要素构成：

1. 标准强度和频率

指评价标准的内容，也就是各种规范行为或对象的程度或相对次数。标准强度和频率属于评价的主要组成部分。

2. 标号

指不同强度的频率的标记符号，通常用字母（如 A、B、C、D 等）、汉字（如甲、乙、丙、丁等）或数字来表示。标号没有独立的意义，只有我们赋予它某种意义时，它才具有意义。

3. 标度

指测量的单位标准，它可以是经典的测量尺度（即类别、顺序、等距和比例尺度），也可以是现代数学的模糊集合、尺度；可以是数量化的单

位，也可以是非数量化的标号。总之，可以是定量的，也可以是定性的。标度是评价标准的基础部分，它与评价的计量与计量体系有密切的关系。

设计符合八大特征的有效标准

能够在考核工作中起到积极作用的标准，必须是有效标准。通常，一项有效的绩效考核标准必须符合八大特征。

1. 标准是基于工作而非基于工作者

考核标准应该是根据工作本身设置的，不论该项工作的执行者是谁，考核标准都不应有所改变。并且，每项工作的绩效评估标准应该只有一套，并非针对每个人各自设定一套考核标准。

2. 标准是可以达到的

设置考核标准的目的，是要给员工的工作增加一个明确的工作目标，最终目的是提升其工作质量和工作效率。如果一味追求高标准，而忽略了可实现性，标准则失去了实际意义。因此，考核标准应该是在部门或者员工的控制范围内，是其通过努力可以达成的。

3. 标准是为人所知的

考核标准是针对主管以及员工而言的，因此，被考核者应该知晓考核标准的各项内容。如果员工对绩效评估标准概念不清，则事先不能确定努力方向；如果主管不清楚绩效评估标准，则无从衡量员工表现之优劣。

4. 标准通过协商制订

考核标准应该由考核者与被考核者协商制订。如果仅由考核者自行决定考核标准，一方面标准可能出现不符合实际工作要求的情况；另一方面，被考核者会认为自己没有受到应有的尊重，从而降低其工作积极性。

5. 标准要具体且可衡量

制订考核标准的目的是为之后的绩效考评工作提供依据。如果考核标准不可衡量，在绩效考评阶段则会出现无标准可依的情况。标准具体，指明针对的工作内容以及具体要求，绩效考评时，会便于将被考核者的工作

第7章 考核：别让不科学的考核"浇灭"员工潜能

情况与标准要求做对比，从而确定最终的绩效考核成绩。

6. 标准要有时间限制

绩效评估资料必须定期，迅速且方便取得，否则某些评估将失去时效性。因此，在考核标准中，应该标明时间限制。

7. 标准必须有意义

制订考核标准就是为了提升工作效率与工作质量。但是，有些管理者在制订考核标准时，忽略了现实意义，仅仅是为了制订出高的、"好看"的标准。这样的考核标准在实际考核工作中是无法起到实际作用的。

8. 标准是可以改变的

由于工作内部环境与外部环境的变化（例如，引进新方法、添加新设备等），工作条件发生了变化，为保证考核标准的适用性，考核标准也应该做出相应的变化。因此，制订的标准应该具备一定的弹性。

在制订考核标准时，要保证所制订的标准符合以上八大特征。同时，考核标准还应符合以下三个原则，见图7-3。

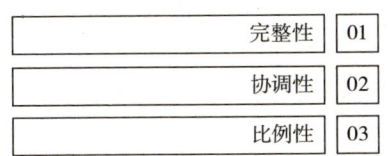

图7-3 绩效考核标准的原则

绩效考核标准的制订应注意以下几个要点：

1. 非量化指标通常不单独作为考核标准

非量化工作指标，指用来衡量工作质量，而非工作数量的指标。例如，一个打字员，其工作标准为每分钟60个字、错误率为1%。在这种情况下，把打字速度提高到每分钟120个字，错误率就很可能达到了5%，像这样的打字只追求速度，却忽视了更重要的质量。一味追求速度而忽视了质量，就脱离了绩效考核的目的。

2. 考核内容的可控性

标准中表达的要求应该在自己的可控范围内。如一些质量监控部门在设置考核标准时，会将标准设置为：保证质量合格率在××以上。但是，产品质量并不是质量监控部门能够控制的。在其可控范围内，可将绩效考核标准设置为：检验产品合格率的准确度达到误差在××范围内。

3. 形容词不能作为量化考核的标准

很多企业在制订考核标准时，总是出现"遵守规定""及时传达"等字眼，实际上，这些带有形容词字眼的标准是很难量化的。员工工作做到什么程度算是遵守规定？做到什么程度又算是及时传达？没有一个准确的判定依据。这样的标准不利于之后的绩效考评工作。因此，在制订考核标准时，应尽量使用准确的词语。例如，对于一个办公室主任的考核，应这样写：普通文档8小时内送到，加急文档3小时内送到。这样量化了之后才能更好地评判办公室主任工作到底是不是及时。

4. 考核标准应遵循三个定量原则

三个定量原则，见图7-4。

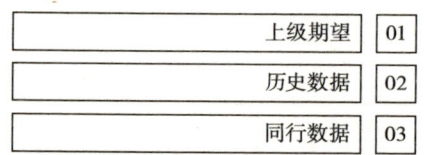

图7-4 三个定量原则

上级期望原则指按照上级的期望完成工作，即工作效果要符合上级期望；历史数据原则指本月所做的标准不能低于上月，应呈现逐渐上升的状态；同行数据原则指根据同行的标准，来制订自己的标准。

第7章　考核：别让不科学的考核"浇灭"员工潜能

7.3　从战略中提取可激励员工的关键指标

关键绩效指标，指从个人、业务单元、部门或组织的关键成果领域中提取出来的主要工作目标，代表了工作的重点和花费时间最多的工作内容，是用来衡量绩效的重要指标。关键绩效指标一般数量较少，对工作重点具有指导作用。

关键指标的提取与确定，应通过分解企业总体发展战略。建立关键指标的要点，在于流程性、计划性与系统性。作为衡量各职位工作绩效的指标，关键指标所体现的衡量内容最终取决于公司的战略目标。关键指标构成公司战略目标的有效组成部分或支持体系时，它所衡量的职位，便以实现公司战略目标的相关部分作为自身的主要职责；如果关键指标与公司战略目标脱离，则它所衡量的职位的努力方向，将与公司战略目标的实现产生分歧。因此，我们在提取关键指标时，应分解总体战略，逐步确定关键指标。

分解总体战略，逐步确定关键指标

根据总体战略确定关键指标，可以分为以下几个步骤：

1. 明确企业发展战略，为提取关键绩效指标做准备

提取关键指标时，首先要对企业整体的发展战略做详细地了解。从中确定企业的发展目标、发展要求、时间限制以及资源支持等内容。在完全了解企业发展战略与发展目标后，则可以进行下一项工作。

2. 依据企业战略确定部门级目标

依据企业总体的发展战略来确定部门级工作目标。部门级工作目标是个人关键绩效考核指标确定的主要依据。

3. 确定个人关键绩效指标

依据部门工作目标，再分解到具体的每个职位。确定各个职位的业绩衡量指标，这些衡量指标就是员工考核的要素和依据，也就是考核员工的关键绩效指标。

4. 为每个关键指标设置一定的标准

一般来说，指标指的是从哪些方面衡量或评价工作，解决"评价什么"的问题；而标准指的是在各个指标上分别应该达到什么样的水平，解决"被考核者怎样做、做多少"的问题。为每个考核指标设置明确的考核标准，有利于之后的绩效考评工作的展开。

5. 审核关键绩效指标

为确保关键绩效指标的合理性，需要对初步确定的指标进行审核。例如，多个评价者对同一个绩效指标进行评价，结果是否能取得一致？这些指标的总和是否可以解释被评估者80%以上的工作目标？跟踪和监控这些关键绩效指标是否可以操作？

设置每个关键指标的权重

提取出关键指标并不是最后一步，为了便于考核，还需要为每个关键指标设置合理的权重。权重展示了该指标在整体评价中相对重要的程度。

通常，不同的部门由于工作性质的不同，所适合的权重表现形式也不同。例如，行政部门的工作由于无法量化，所以可以采取A、B、C、D的表现形式；而销售部门或者生产部门的工作大部分都能够量化，则需要用100%或者1~10分，这种具体数字的形式表现。

例如，某公司销售部门的权重设置如下，见表7-1。

第7章 考核：别让不科学的考核"浇灭"员工潜能

表 7-1 关键指标权重

考核具体项目	关键指标	权重	评价标准	评分
工作业绩	销售完成率	18%	实际完成销售额÷计划完成销售额×100%。考核标准为100%，每低于5%，扣除该项1分	
	销售增长率	14%	与上一月度或年度的销售业绩相比，每增加1%，加1分，出现负增长不扣分	
	销售回款率	10%	超过规定标准以上，以5%为一档，每超过一档，加1分，低于规定标准的，为0分	
	新客户开发	10%	每新增一个客户，加1分	
	市场信息搜集	7%	（1）在规定的时间内完成市场信息的搜集，否则为0分（2）每月搜集的有效信息不得低于X条，每少一条扣2分	
	报告提交	5%	（1）在规定的时间内将相关报告交到指定处；未按规定时间提交者，为0分 （2）报告的质量评分为3分，未达到此标准者，为0分	
	销售制度执行	5%	每违规一次，该项扣1分	
	团队协作	5%	因个人原因而影响整个团队工作的情况，出现一次，扣除该项5分	
工作能力	专业知识	4%	1分：了解公司产品的基本知识 2分：熟悉本行业及本公司的产品 3分：熟练地掌握本岗位所具备的专业知识，但对其他相关知识了解不多 4分：掌握熟练的业务知识及其他相关知识	
	分析判断能力	4%	1分：较弱，不能及时做出正确地分析与判断 2分：一般，能对问题进行简单地分析和判断 3分：较强，能对复杂的问题进行分析和判断，但不能灵活地运用到实际工作中 4分：强，能迅速地对客观环境做出较为正确的判断，能灵活运用到实际工作中，并取得较好的销售业绩	

续表

考核具体项目	关键指标	权重	评价标准	评分
	沟通能力	4%	1分：能较清晰地表达自己的思想和想法 2分：有一定的说服能力 3分：能有效地化解矛盾 4分：能灵活运用多种谈话技巧和他人进行沟通	
	灵活应变能力	2%	应对客观环境的变化，能灵活地采取相应的措施	
工作态度	员工出勤率	3%	（1）月度员工出勤率达到100%，得满分；迟到一次，扣1分（两次及以内） （2）月度累计迟到三次以上者，该项得分为0	
	日常行为规范	2%	违反一次，扣3分	
	工作责任感	4%	0分：工作马虎，不能保质、保量地完成工作任务且工作态度极不认真 1分：自觉地完成工作任务，但对工作中的失误，有时会推卸责任 2分：自觉地完成工作任务且对自己的行为负责 3分：除了做好自己的本职工作外，还主动承担公司内部额外的工作	
	服务意识	3%	出现一次客户投诉，扣5分	

第 7 章 考核：别让不科学的考核"浇灭"员工潜能

7.4 搜集考核数据，提供考核依据，确保结果公平

考核数据搜集是绩效考核中的一个重要环节。准确搜集考核数据，为绩效考评提供依据，才能保证最终考核结果的公平公正。但是，考核数据搜集是一项繁琐且无明显增值的工作，常常会在搜集过程中遇到各种各样的阻碍。

某公司经过绩效管理系统运行，人力资源部着手搜集前两个月各部门的绩效考核数据。人力资源部经理突然发现，产品部还有好几个数据未提供，于是他马上找到产品部经理，向其征询 KPI 数据搜集的情况。产品部经理向他反馈：数据不能及时提交的责任在营运部。

人力资源部经理又找到营运部经理。营运部经理一脸无奈地说："不是我不想交，而是财务部没有给我数据，我交不了。"人力资源部经理又被推到了财务部。

财务部经理一看到人力资源部经理，立马向他诉苦说："我部门的数据搜集工作量实在太大了，我还有好多数据没有搜集到，怎么办？他们不提供原始数据给我，我就拿不出最终数据来。"人力资源部经理走了一圈回来，发现问题不但没解决，反而更加糊涂了。

人力资源部经理叫来绩效管理专员，询问她这一期绩效考核的过程情况，绩效管理专员一脸茫然。考核结果出不来，工资无法核算就无法按时发放，而下期目标也因此没有制订的依据，一大堆的事情让人力资源部经理一筹莫展。他便在心里打起了退堂鼓，开始怀疑绩效管理系统是否还能

继续运作下去。

以上案例中的问题在很多企业中都或多或少地出现过。考核数据搜集不上来，或者搜集不全面，都会对考核结果造成难以估量的影响。运用一定的方法，准确搜集考核数据，是作为管理者在绩效考核中应该着重思考的问题。

搜集数据前要有"两个明确"

为了搜集到完整、准确的考核数据，事前准备必不可少。相关调查研究表明，企业之所以做不好数据搜集工作，主要原因是各个部门以及各个岗位之间的职能划分不清楚。在搜集考核数据时，忽略部门以及工作岗位之间的界面，缺乏对数据搜集工作的安排与协调，从而导致组织中存在模糊地带。各部门的权责不明确，部门间的界面管理缺失，数据搜集的组织协调工作就会缺乏系统性。因此，搜集数据前，要有以下"两个明确"：

1. 明确数据类型

不同部门、不同岗位由于工作性质的不同，在绩效考核过程中产生的数据也有明显差异。哪些数据最能显示该部门、岗位的工作成绩就选择哪些数据。因此，搜集考核数据前，首先要明确绩效考核中各种数据的类型。依据考核数据的来源，主要有以下几种类型，见图7-5。

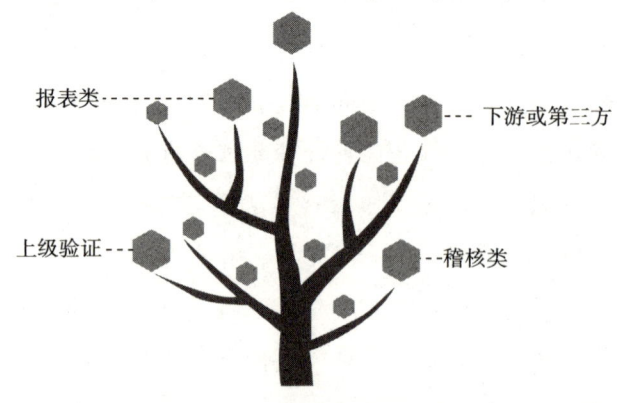

图7-5　考核数据类型

2. 明确数据提供岗位，即数据的来源

这是保证后续数据分析工作的关键环节。明确了数据的来源，数据分析工作就会更有针对性。在这一过程中，要明确谁来填报表，谁来为下级记录，谁来为其他岗位记录，记录哪些数据，怎么记录。并且，数据搜集记录工作通常要由人力资源部门统一规划协调，使数据记录清晰且有条理。

搜集方法：定性＋定量＋关键事件考核

目前，大部分企业在搜集考核数据时，常常单独使用定性、定量或关键事件考核中的一种方法。但是，数据搜集工作往往需要涉及多个部门、多方人员。如果仅采用一种搜集方法的话，则会略显单薄，搜集到的数据通常缺少全面性。因此，采用"定性＋定量＋关键事件考核"的系统搜集方法，能够保证数据全面、合理。

（1）定性评价，指不采用数学的方法，而是根据评价者对评价对象平时的表现、现实和状态或文献资料的观察和分析，直接对评价对象做出定性结论的价值判断。

（2）定量评价，指采用数学的方法，搜集和处理数据资料，对评价对象做出定量结果的价值判断。

（3）关键事件法，指确定关键的工作任务以获得工作上的成功。关键事件是使工作成功或失败的行为特征或事件。关键事件法要求分析人员、管理人员、本岗位人员，将工作过程中的"关键事件"详细地加以记录，并在大量搜集信息后，对岗位的特征和要求进行分析研究。

值得注意的是，在关键事件考核中，所选择的关键事件一定要有非常清晰的时间节点以及结果呈现。如果某一事件的过程过于复杂，时间节点无法理清，那么这件事情就无法作为关键事件，更加无法进行考核。

为了保证数据搜集工作的有序开展，使用"定性＋定量＋关键事件考核"方法进行数据搜集时，要注意以下问题，见图7-6。

数据定义具体、明确	01
部门级考核数据由其他部门提供	02
获得数据后及时记录	03

图 7-6　数据搜集时应注意的问题

加强基层员工对数据搜集工作的理解，让其参与其中

在考核数据的搜集工作中，数据搜集不准确、不全面是其中一个重要的问题。导致这一问题的直接原因，就是因为基层对考核数据搜集工作的不重视、不了解。通常来说，部门经理对绩效管理系统有比较充分地理解，但普通员工的理解就十分有限。尤其是数据搜集这种看似繁琐且不增值的工作，普通员工如果不能站在公司的角度，从整体上理解绩效管理系统的价值以及数据搜集对绩效管理系统的作用，树立全局观和全流程的意识，就不能对自己负责的工作有清楚而深刻地认识，很容易轻视此项工作，执行力也就相应减弱。

因此，在搜集考核数据的过程中，我们要着力加强基层员工对该项工作的认识。通过相关培训，让其对考核数据搜集工作形成深刻的认识，从内心重视这项工作。同时，还要让员工参与进来，当其置身其中时，就会表现得更加积极。

第 7 章 考核：别让不科学的考核"浇灭"员工潜能

7.5 考核方法要因地制宜、因人选择

绩效考核方法，是对员工在工作过程中表现出来的工作业绩、工作能力、工作态度以及个人品德等进行评价，并用之判断员工与岗位的要求是否相称的方法。考核方法的选择，是绩效考核中的一个关键环节，对考核结果具有决定性的作用。我们在选择考核方法时，要根据企业与员工的实际情况，因地制宜，因人选择，再确定合适的绩效考核方法。

绝对评价法

1. 目标管理法：上下级共同决定工作目标

目标管理法由管理专家彼得·德鲁克提出。他认为，并不是有了工作才有目标，恰恰相反，是有了目标才能确定每个人的工作。所以"企业的使命和任务，必须转化为目标"，如果一个领域没有目标，这个领域的工作必然会被忽视。因此，管理者应该通过目标对下级进行管理，当最高层管理者确定了组织目标后，必须对其进行有效分解，并将其转变成各个部门以及员工个人的分目标，管理者再根据分目标的完成情况对下级进行考核、评价和奖惩。

目标管理法，指由上级与下级共同决定具体的绩效目标，并且定期检查完成目标进展情况的一种管理方式。属于结果导向型的考核方法，以实际产出为基础，考核的重点是员工工作的成效和劳动的结果。

目标管理法具有以下内容：

（1）设定整体目标。确定一个企业或者组织的总体目标是目标管理的起点。确定总体目标后，通过目标分解，将总体目标分解为部门级目标，进而分解为个人目标。而目标管理的核心则在于整合各个目标。

（2）制订周密计划。目标管理法的顺利实施，是基于为完成目标所制订的周密计划。在考核计划中，应包含目标的设定、目标实施方针、选择考核程序等内容。通过设置完善的计划，能够保证考核目标在规定期限内完成。

（3）目标管理与组织建设相互支持、相互协调。在目标管理法中，考核目标从制订到实施，都是组织行为的重要表现，不仅反映了组织的职能，同时也反映了组织和职位的权力与责任。目标管理实现了权力下放。

（4）提升管理意识。目标管理法的关键在于，上级与下级共同制订并实施目标。在考核中，各方面人员应充分认识到自己是既定目标下的成员，并积极工作，为实现目标发挥自己的作用。

（5）有效配合。目标管理法在考核中有几个关键环节：考核、评估、验收目标执行情况。各个环节要紧密衔接，有效配合。

目标管理法具体的实施步骤如下，见图7-7。

图7-7 目标管理法实施步骤

2. 关键绩效指标考核法

关键绩效指标考核法把绩效考核与评估工作简化为对几个关键绩效指标的考核。将关键绩效指标作为评估标准，把员工的绩效与关键绩效指标作比较。

关键绩效指标考核法，最关键的是关键考核指标的设定。通常，所设置的关键绩效指标要符合SMART原则，见图7-8。

第 7 章 考核：别让不科学的考核"浇灭"员工潜能

图 7-8　SMART 原则

为达到这样的标准，设置关键绩效指标时，要注意以下几点：

（1）关键绩效指标的制订要通过企业中的管理高层根据企业的发展战略和发展愿景进行总体地规划、确定。

（2）对于确定下来的关键绩效指标要通过价值树或者鱼骨分析的方式进行分解，然后再分解为 KPI。

（3）将 KPI 自上而下，分解到不同的部门以及具体岗位上。

3. 平衡计分卡

平衡记分卡，简称 BSC，要求企业在进行绩效考核时，以企业的总体战略为核心，建立"实现战略指导"的绩效管理系统。相比其他的绩效考核工具，BSC 更加具有战略管理意义。

可口可乐（瑞典）饮料公司在企业内部推行平衡计分卡的概念。在此过程中，公司要求企业内部的每一位管理人员都要制订远景规划、设定为期三年的长期目标、对当前的市场形势进行描述、针对市场制订战略计划，并为不同的体系和测量程度定义参数。之后，在企业的普通员工、消费者方面也开始重复以上过程，使公司的业绩得到了大幅的提升。至今，可口可乐各地的分公司都在实行平衡计分卡法。

平衡计分卡在实施考核时，主要强调各方面的平衡。需从以下四个方面进行绩效评估，见图 7-9。

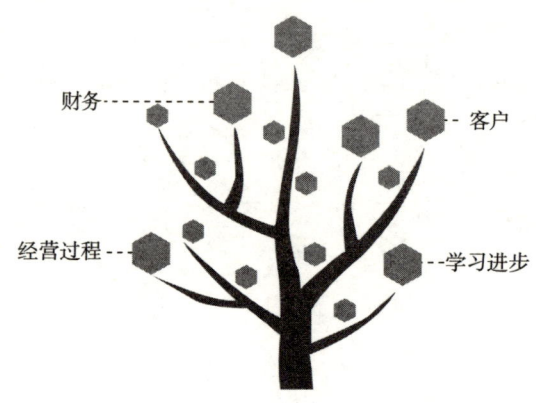

图7-9 平衡记分卡评估内容

4. 等级评估法

等级评估法根据工作分析，将被考核岗位的工作内容划分为相互独立的几个模块，在每个模块中用明确的语言描述完成该模块工作需要达到的工作标准。同时，将标准分为几个等级选项，如"优、良、合格、不合格"等，考核人根据被考核人的实际工作表现，对每个模块的完成情况进行评估，总成绩便为该员工的考核成绩。

相对评价法

相对评价法，指在工作团队中寻找一个基准，将团队中的每个员工与所制定的基准进行比较，从而评价出每个员工在团队中相对位置的评价方法。采用标准分数进行评价，实际是表示考察的对象在总体中处于什么位置，所以这种评价是一种相对评价。

相对评价法主要包含以下几种具体的方法：

1. 序列比较法

指按照员工个人工作成绩的好坏进行排序考核的一种方法。使用序列比较法进行考核时，不需要事先确定员工所要达到的工作标准，只需要确定相应的考核模块，然后将职务相同的员工放在同一考核模块中进行比较，根据他们的实际工作情况进行排序，由工作情况的好坏从前至后进行排序。最后，将每位员工几个模块的排序数字相加，就是该员工的考核结果。按照排序的数字，员工排序的总数越小，则代表其在本次考核中的考核成绩越好。

2. 相对比较法

与序列比较法将所有员工放在一起的考核方式不同，相对比较法侧重于将员工进行两两比较，相对较好的员工记"1"，相对较差的员工记"0"。当所有员工都比较完毕之后，将每个员工所得的分数相加，员工的总分越高，则证明其绩效考核的成绩越好。

3. 强制比例法

根据被考核者的业绩，将被考核者按一定的比例分为几类（最好、较好、中等、较差、最差）进行考核的方法。

描述法

1. 360 度绩效考核法：最全面的绩效考核法

360 度绩效考核法具有评价维度多元化的特点，是最全面的绩效考核方法。实施 360 度绩效考核法，应包括以下几项考核内容：

（1）被考核者自评。自我评价，指让被考核者针对自己在工作期间的绩效表现，自行评估能力，并据此设定未来的目标。当员工对自己做评估时，通常会降低自我防卫意识，从而查找自己的不足，进而愿意加强、补充自己尚待开发或不足之处。

（2）同事。指让被考核者的同事对其考核期间的工作表现进行评价。对某些工作而言，有时，上级与下属相处的时间与沟通机会反而没有下属之间多。在这种上级与下属接触的时间不多、彼此之间的沟通也非常少的情况下，上级要对下属做绩效评估就非常困难。相反，下属彼此间工作在一起的时间长，他们相互间的了解比上级与下属更多。所以，让被考核者的同事作为考核者，对被考核者的工作作出评价，评价结果会更加客观、实际。

（3）下属。指被考核者的下属。若被考核者处于管理层，就可以让下属对其进行绩效评价。这是一个向上反馈的过程，管理者可以通过下属的评价，发现自己在工作中存在的不足，并及时进行改正。

（4）主管。指被考核者的上级主管。这是绩效考核中常用的考评方式。主管往往是最熟悉被考核者的，同时，也能为其之后的工作提供建议与帮助。

虽然360度绩效考核法考核较为全面，但是由于涉及人数众多，考核成本明显增加。还因为所有的员工既是考核者，又是被考核者，所以实际考核难度相当大。为解决这些问题，可以参考以下方法，见图7-10。

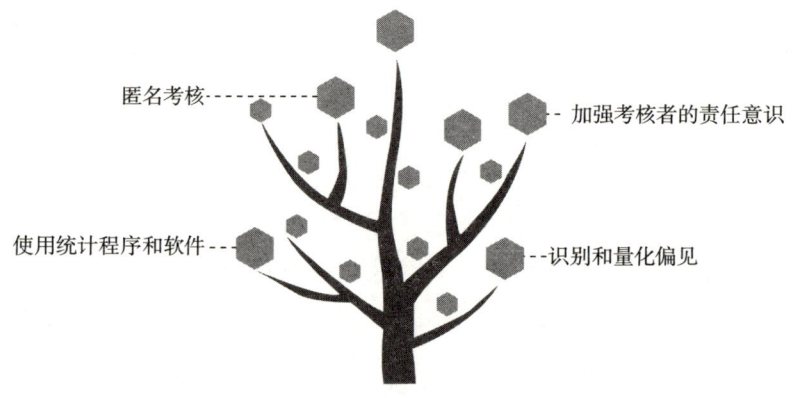

图7-10　360度绩效考核技巧

2. 目标绩效考核法

目标绩效考核法，指将企业的总体目标从上至下进行分解与落实执行的过程，与之对应，绩效考核也应该服从总目标和分目标的完成。实行目标绩效考核法时，管理者应以部门对于企业整体的工作进行支持，以及员工对于本部门的工作进行支持为出发点。同时，也要对下属的绩效考核负责，确保下属在绩效考核的过程中不能推卸责任。

实行绩效目标考核法时，要遵循以下流程：

（1）确定总体绩效目标以及各个执行层的具体业绩目标。目标的确定是目标绩效考核法的关键，只有确定好总体业绩目标与各个执行层的业绩目标，员工在工作中才能有明确的努力方向，从而更加坚定自己的工作行为。在确定目标的过程中，需要注意的是，不论是企业总体的绩效目标，还是执行层具体的绩效指标，都应该是明确的、具体的、可以衡量的。并且，在每一层级的每一个员工，都要在企业总体的绩效目标的背景下，确定各自具体的绩效目标。

（2）制订工作计划和业绩评价标准。制订工作执行计划中的业绩评价标准，是为了保证在实施相应的工作计划时，对其中的各个过程以及工作步骤的实施情况做出必要的评价。

（3）业绩评价。指在绩效考核过程中，对照设定的目标和业绩评价标准，对员工完成目标的情况做出具体地评价。这类业绩评价一般在绩效考核过程中就开始进行，在员工末期评价中正式完成。

（4）检查调整。通过业绩评价，员工找出了自己实际工作业绩与预定目标之间的距离，接着就必须分析这些差距的原因，并且通过调整自己的工作方法等手段，致力于缩小乃至消除上述差距，努力达到自己的目标。

3. 重要事件法

指考核人在平时注意搜集被考核人的"重要事件"，以此作为考核依据的方法。"重要事件"是指会对部门的整体工作绩效产生积极或消极的重要影响的事件，对被考核人的这些表现要形成书面记录，并根据这些书面记录进行整理和分析，最终形成考核结果。将重要事件作为考核依据，可以快速判断被考核者的工作情况。

7.6 根据考核结果辅导员工

绩效辅导，指管理者与员工讨论有关工作进展情况、潜在的障碍和问题、解决问题的办法、员工取得的成绩以及存在的问题、管理者如何帮助员工等信息的过程。绩效辅导不仅能够及时发现员工在绩效考核中存在的问题，还能够在问题严重之前就得到解决。通过上下级之间在绩效辅导过程中的深入沟通，可以让管理者与下属之间的关系更加紧密。并且，管理者与员工经常就存在和可能存在的问题进行讨论，共同解决问题，排除障碍，达到共同进步和共同提高，实现高绩效的目的。除此之外，绩效辅导还有利于建立管理者与员工良好的工作关系。重视并做好绩效辅导工作，是管理者在绩效考核中应引起重视的工作。

华为拥有系统的、完善的、高贡献的、高回报的绩效管理体系。在其绩效管理体系中，绩效辅导是不可忽略的重要一环。华为的绩效辅导贯穿绩效管理的全过程。在目标设定时，职能部门、管理人员、员工的意见都应得到充分重视。在目标执行过程中，管理人员既要设定管理目标，还要帮助员工梳理其职位职责以及对应的目标。华为的管理者通过与下属进行绩效辅导，把发现的问题及时地反馈给员工，让其据此做出调整。这样的员工的绩效产出比没有进行绩效辅导的员工高出很多，员工与管理者对绩效结果的共识度也更高。

成功的绩效辅导不但能够帮助员工及时发现并解决问题，还能有效拉近管理者与员工双方的关系。而双方关系越融洽，对于激发释放员工潜能就越有利。

从绩效结果中寻找问题所在

绩效辅导，辅导的是员工存在的问题。而这些问题，就要从绩效结果中寻找。找对了问题，才能对症下药，才能找到正确的解决办法；找不对问题，绩效辅导无疑是一句空话。

绩效结果出来后，管理者可以对每个员工的绩效成绩进行详细地分析，从中找出员工在工作中存在的不足。而找出的这些不足，则是管理者在对员工进行绩效辅导时应重点考虑的问题。

识别需要进行绩效辅导的对象

确定了绩效辅导的内容后，还要确定绩效辅导的对象，即对谁进行辅导。通常，绩效辅导的对象是管理者的直接下属，包括以下几类人群，见图7-11。

图7-11 绩效辅导对象类型

共同寻找解决办法

确定了辅导对象与辅导内容后，就要进入绩效辅导的关键环节——寻找解决方法。针对具体问题，找出相应的解决办法，帮助员工解决实际工作中存在的问题，也就达到了绩效辅导的真正目的。

在这一过程中，需要注意的是，寻找解决办法，并不是管理者独立帮员工制订解决方法，而是需要与员工共同商讨。一方面，员工才是其工作的直接负责人，对工作中存在的问题比管理者了解得更加透彻，想出的解决方法往往更加实用；另一方面，让员工参与到解决方法的寻找与制定中来，能够让其感受到上司对他的重视与尊重，在之后的绩效改进工作中，他就会更加有积极性。

在与员工共同寻找解决办法时，要充分发挥作为管理者的作用，尽可能地为其提供各种支持，帮助其尽快解决问题。通常，可以为其提供的支持包括以下几种，见图7-12。

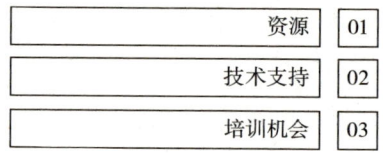

图7-12 管理者可以为员工提供的支持

选择恰当的绩效辅导渠道

选择合适的绩效辅导渠道，能够保证绩效辅导工作的有序开展。常用的绩效辅导渠道有正式渠道与非正式渠道两种。

1. 正式渠道

一般为一对一面谈，正式反馈工作绩效（同步各种绩效数据），对其中的问题进行深入地探讨，探究其中较为本质的原因，以便能因材施教。正式渠道沟通需要选择合适的时机，以月度考核结束后三天以内较好。同时需要考虑被辅导对象的工作情况，特别繁忙时，不适合进行面谈辅导。

2. 非正式渠道

工作中经常肯定、鼓励、指导；简短的工作例会；工作之余的各种交流活动等都为非正式渠道。非正式渠道绩效辅导能比较容易建立起信任、融洽的工作关系，实时性也比较好。

根据辅导对象的特点选择辅导策略

不同的员工性格不同、工作情况不同，存在的问题也有明显的不同。而绩效辅导，要对症下药才能高效解决问题。因此，管理者要根据辅导对象的特点，选择合适的辅导策略。不同的辅导对象其辅导策略如下：

（1）进步神速者：绩效辅导时，要及时肯定其工作成绩。实时给予正面鼓励并公开其成绩。在之后的工作中，为其提供更多具有挑战性、有适当风险的工作以及表现机会。

（2）表现进步者：充分了解其优势以及需要改进的具体事项。教导其如何更加有效地开展工作，同时，为其提供更多的工作表现机会，关注其具体的工作进展，提供必要的指导和培训。

（3）未尽全力者：了解其未尽全力的背景和原因，发掘其过去的成功之处，予以必要的肯定。尝试根据其兴趣调整工作内容，并随时予以工作反馈，鼓励其在工作中取得的小成就。

（4）表现退步者：与其进行深度讨论，了解其退步的原因和背景。增加工作检查和反馈，同时，为其提供更多地咨询和教导。

绩效辅导追踪

绩效辅导后，提供员工所需要的资源和支持，及时跟踪共同制订的改进计划的执行情况，以便能切实有效地提升，否则前面做的辅导工作的效果将会大打折扣。

在绩效辅导追踪过程中，管理者要监督员工是否按照约定的行为有效地执行，同时还要对其达到既定目标的行为，及时做出激励。

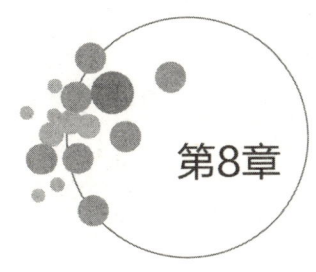

第8章

激励：人才是养出来的，超能是奖出来的

有效激励是组织发展与释放员工潜能的动力保证。员工积极性的提升，除了要依靠自我要求外，还需要管理者的有效激励。员工获得激励时，其能动性会明显提升，工作效率更高，同时也会激励其周边人追求更高的目标。

8.1 多点一个赞，员工的能力值就多提一分

赞美可以使庸才变人才，使人才变天才。赞美会让员工的自尊心、荣誉感得到满足，并且能增强他的自信心。一个人只有当他感觉到被激励、被鼓舞时，才能在工作中找到成就感，并表现为持续的动力。

当得到表扬后，员工工作往往会更加积极。《胡萝卜原理》一书的两位作者 Adrian Gostick（艾德里安·高斯蒂克）和 Chester Elton（切斯特·埃尔顿）曾经在北美对 20 万名员工进行了一项调查，结果发现，65% 的员工认为他们的工作未得到认可；75% 的员工离职是因为没有得到理解；对于那些保持着高昂士气的员工，超过 94% 的人认为他们的管理者承认他们所取得的成绩。调查同时也证实，那些对员工工作成绩有更多认可的组织，比其他组织的盈利更高。

从这项调查可以发现，很多企业并没有认识到承认员工成绩、表扬认可员工的重要性。许多管理者认为赞扬员工是可有可无的事情，因为企业已经给他们支付了工资，他们理所应当努力工作。但是，如果一个管理者对于员工的贡献无动于衷，不仅员工的士气会受到影响，还可能导致他们离职。因此，管理者在激励员工时，要重视对员工工作成绩的认可，并及时赞美员工。

美国 IBM 公司的所有管理干部都必须学习"如何赞美别人"的课程。格力电器董事长董明珠认为，及时赞美和发现员工的价值在职场上是非常必要的。原通用电器董事长杰克·韦尔奇曾说："我的经营理论是要让每

个人都能感觉到自己的贡献,这种贡献看得见,摸得着,还能数得清。"当员工完成了某项工作时,最需要得到的是上司对其工作的肯定,上司的认可就是对其工作成绩的最大肯定。经理主管人员的认可是一个秘密武器,但认可的时效性最为关键。如果用得太多,价值将会减少;如果只在某些特殊场合或少有的成就时使用,价值就会增加。采用的方法可以是诸如发一封邮件给员工、打一个私人电话祝贺员工取得的成绩、在公众面前跟员工握手并表达对他的赏识等。

作为管理者,我们也要在管理工作中发挥赞美的力量,通过赞美员工,让其在工作中变得更加积极主动。

给员工"个性化"的赞美

赞美应该是个性化的,而不是千篇一律的。如果赞美员工时永远都只有"你真棒",久而久之,他们就会对这样的赞美"免疫",如此赞美也就无法发挥作用。所谓个性化赞美,指针对员工的喜好来赞美他们。简而言之,就是说他们想听的,把赞美的话说到他们的心坎儿里。

根据美国著名的数学家、抽样调查方法的创始人乔治·盖洛普对30个行业中10000个工作小组的分析,最终得出来的结论:在赞美员工时,个性化是关键。例如,有的员工喜欢被上司在大庭广众之下赞美,而有的员工则希望上司能够在私下用一对一的方式赞美自己;有的员工喜欢上司在赞美自己时能够给一些物质上的奖励,而有的员工则希望上司在赞美自己时能够帮助自己做一些职业规划,以便自己能够在职业道路上获得更好地发展等。不同的员工所希望的赞美方式不同,只有对症下药,将对员工的赞美个性化,才能将赞美的效果最大化。

在赞美员工之前,不妨先与其进行沟通,了解并掌握他们的喜好。沟通时,可以询问他们以下几个问题,见图8-1。

第8章 激励：人才是养出来的，超能是奖出来的

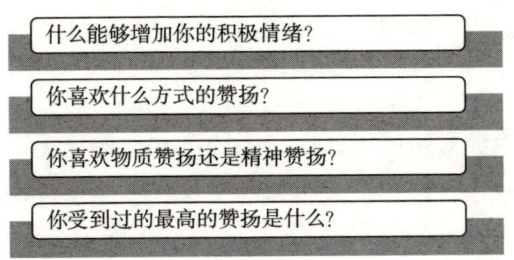

图 8-1 了解员工喜好时询问的问题

赞美要发自内心

管理者对员工的赞美，一定要发自内心。如果仅仅是"例行公事"，不带任何感情色彩，则无法打动员工。发自内心的赞美是一个逐步推进的过程，总体上可以归纳为以下几个步骤：

1. 让员工相信你是真的想表扬他的工作

赞扬时，可以这样说："你的报告真的非常精彩，接下来我想让你多做几个报告。"这样说的目的是要解除员工的戒心，让他们认为确实是因为自己的报告做得出色才获得了下一次作报告的机会。

2. 说明认为他们工作很出色的具体理由

衔接上一步骤，可以接着说："之所以我认为你的报告很精彩，是因为……"在这一过程中，要进一步阐释理由。例如，报告中关注了听众的感受，赢得了听众的赞扬；报告主题鲜明、思路清晰、结构严谨、演讲生动等。

在说明理由时，要尽量用一些具体的词汇，让员工明白在上司的眼中，他的工作具体是什么样子的。

3. 鼓励员工认可自己

有时，即使我们已经采用了非常具体的词汇去赞扬员工的工作，但是，由于其本身的不自信，则有可能将本次工作的成绩归结为"运气好"。此时就要帮助他认可自己，树立信心。告知他本次工作的成功，表现了他

在哪些方面的优秀品质，例如，"你平时的积累帮助了你"。

4. 引导员工着眼未来

一次赞美，可能会激励员工，也有可能增加他的压力。员工不知道做好了这件事情对他意味着什么？是更多的工作，还是更好的职业发展。因此，管理者可以指出员工这个工作做得好对他未来的帮助，引导其着眼未来。

赞美要具体

赞美能够增强人的自信心，从而让人更加努力地工作。著名的波什定律指出：一个人一旦知道自己在什么地方有突出的长处，或者表现很好，就会更加努力地把那一方面做得更好。当对一个人的赞美越具体时，其受激励的程度就越深。因此，在赞美下属时，内容要尽量做到具体。

以赞美下属计划书做得好为例。在赞美下属时，不要仅仅说："你真棒，做得不错。"而是尽量将赞美具体化，例如，"你的报告做得很好，特别是第三部分的数据分析做得非常好。"通过这样的方式，将赞美具体化，能够让下属更加明确自己哪里做得出色。这不仅能够提升员工的工作积极性，还能够让员工在之后的工作中更加明确自己的努力方向。

第 8 章 激励：人才是养出来的，超能是奖出来的

8.2 信任是最有效的"能量瓶"

信任，是人与人之间的一种是重要的关系，在员工激励方面具有极大的价值。在心理学中，信任是社会影响概念中不可或缺的一部分，影响或说服一个信任你的人是很容易的。在管理领域，通过对管理对象给予期许和对其能力的肯定，从而获得积极正向的结果，这一效应被称为"罗森塔尔效应"或"期待效应"。作为管理者，在激励员工、释放其潜能的过程中，应给予其充分的信任。

素有"经营之神"的松下幸之助，一直坚信：员工由于受到信任，不但乐于接受，而且还会竭尽所能把事情做好。因此，他在管理工作中，经常对员工说："我对这件事情没有自信，但我相信你一定能够做到，所以，就交给你去办吧。"

曾经，松下电器要在金泽市设立营业所。对于这项工作，总公司有很多可以胜任的高层领导，但是，这些经验老到的高层领导，不论谁离开总公司，都会对总公司的业务造成不利影响。在一筹莫展的时候，松下想起了一位年轻的业务员。

于是，松下幸之助找来这名业务员并对他说："公司决定在金泽市设立一个营业所，希望你能够去主持这项工作。现在你就立刻去金泽市，找个适当的地方，租下房子，设立一个营业所。我已经准备好了一笔资金，让你去开展这项工作。"

听到松下幸之助的这番话，这名业务员感到非常惊讶，不可思议地问

道:"这么重要的职务,您让我这个进入公司只有两年时间的年轻人负责,不太合适吧?并且,我并没有很多这方面的工作经验……"这时,松下幸之助表现出了对这名业务员足够的信任。他用几乎命令的口吻说:"没有做不到的事情,你一定能够做到的。放心吧,我相信你。"听到老板对自己如此信任,这位年轻的业务员终于下定决心说:"我明白了,非常感谢您如此信任我,给我这个机会,实在是荣幸之至,我一定会好好干。"

年轻的业务员一到金泽市就立即展开工作。他几乎每天都会给松下幸之助写一封信,告诉他自己正在找房子,后来又写信说房子已经找到,再后来报告正在装修等。在这一过程中,业务员把工作进展一一向松下汇报。很快,他在金泽市的筹备工作完全就绪。于是,松下幸之助又从大阪派了几名员工过去,开设了营业所,业务开展得非常不错。

松下幸之助在谈到他的经营哲学时讲到,管理下属的方法、要诀有很多,但是,最重要的还是信赖他,把工作完全交给他。

没有信任,老板累,员工懒

不信任员工,必然会事必躬亲;不信任员工,就不敢把企业做大;不信任员工,做事就不敢公开透明;不信任员工,员工之间就会互相推诿扯皮,做事畏首畏尾,无法施展才能。碰到不信任员工的老板,员工往往是心累身不累。员工多做,不一定得到赏识;少做,反而让他找不到批评自己的借口。久而久之,员工养成了多一事不如少一事的思想,从而出现了老板越来越累,员工越来越懒的现象。

信任员工,不仅给他们提供了更多施展才能的机会,也让自己得到了解放,不必为繁杂的工作所负累。

学会给员工充分的信任

信任是提升员工工作积极性的"能量瓶"。因此,我们在管理工作中,要学会如何信任员工、掌握信任员工的技巧与方法,同时,向员工表达我们对他们的信任。

第8章 激励：人才是养出来的，超能是奖出来的

1. 对员工的管理不必过严过细

在抓好大事的前提下，适当松一下"缰绳"，给其适当的自由，让他们根据自己的想法、方式，努力实现个人的"小目标"。有时，员工在"小目标"上取得的进展，不仅不会影响上级制订的大目标，反而有利于大目标的提前实现。相信员工的自我约束能力，适度"松绑"，是信赖员工的明显表现。

2. 和员工一起讨论工作时，首先倾听他们的意见和看法

当员工因看法和上司不一致而表现出含糊其辞，或者尽力向上司的观点靠拢时，作为上司，要及时鼓励其坦率地说出不同意见。

当他们在鼓励下，大胆发表了不同意见，而这些意见确实非常可行时，我们应及时给予肯定；如果意见不正确，也不能生硬地全盘否定。首先应该肯定其某些方面的参考价值，然后再详细地阐述自己的看法。

3. 下达工作任务时，要对员工工作能力进行充分地肯定

当员工表现出犹豫、担心时，要及时鼓励，化解其负面情绪，让员工感觉到上司对自己的信任，从而更加卖力地工作。

4. 学会包容员工

一些管理者经常抱怨："不是我不信任他，只是……"言外之意，都是员工不称心、不争气。但反过来想一想，自己对员工的要求是否有些苛刻？管理者的责任不是发现员工的缺点，而是发现他们各自的优点，并帮助他们扬其长避其短。所以包容至少体现在两个方面，一是包容员工的"特殊想法"，二是要允许员工在尝试的过程中犯错。

5. 让员工参与管理过程

在制订计划以及执行、检查、总结等管理过程中，应尽量安排员工"参与"这些活动，让他们充分发表自己的意见。通过最大限度地满足他们愿意"参与"的心理，来表达上司对他们的信赖。

6. 抽空找员工"随便聊聊"

在闲聊中，应有意识地表示理解员工的工作动机和所作所为。在这种

日常接触中培养起来的信赖关系，往往比正式谈话中建立起来的感情更为亲密、自然，也更牢固。

7. 学会承担责任

当员工因某些客观原因而遭受挫折和失败时，作为管理者，应敢于承担自己的责任，避免不问原因将全部责任推到员工身上，让员工当替罪羊。只有具有安全感的员工，才能真正感受到上司对他的充分信赖。

第 8 章　激励：人才是养出来的，超能是奖出来的

8.3 罚一罚，让差变好；赏一赏，让好变优

激励员工，还表现在赏罚的过程中。所谓的赏，表现为鼓励员工；而罚，则表现为惩罚，这一方法称为奖惩激励法。奖惩激励法，具体指利用奖励或惩罚的方法，对员工正确的行为予以肯定，而对不恰当的行为予以否定。在企业管理中，如果奖惩得当，则能够进一步调动员工的积极性，起到激励的作用。

阿里巴巴为激励员工，在企业内部采用了奖惩激励的管理方法。阿里巴巴使用的奖惩激励方法，称为"271 奖罚"。

所谓"271 奖罚"，指一个团队中，选出 20% 的优秀者、70% 的普通者以及 10% 的落后者，针对这样的成绩排名进行奖惩。阿里巴巴的"271 奖罚"主要表现在员工奖金方面。其董事长马云曾说："奖金是对昨天工作的肯定和对未来工作的期望；我们将严格执行"271 制度"，旗帜鲜明地奖优罚劣。并且将特别突出奖罚分明、愿赌服输，打破大锅饭和平均主义。包括公司所有层级在内都将对 top20 进行奖励提升，同时对 bottom10 加强问责。这是对勤奋付出的同事的最大公平，同时也是激励所有阿里人去挑战更高的目标。"

在阿里巴巴，员工的年终奖没有定额，当年贡献多的，最多可以多拿 6 个月的工资，贡献少的，则有可能一分钱奖金都拿不到。依据"271 奖罚"原则，处于前端的 20% 的优秀员工通常可以多拿 5 个月以上工资的奖金；处于中间的 70% 的员工大概可以多拿 3 个月工资的奖金；而处于末位

的10%的员工,则可能没有年终奖。

通过"271奖罚"模式的奖惩激励,阿里巴巴对员工实现了有效激励。员工为了获得更可观的奖金,同时也为了避免因工作成绩不佳而遭到淘汰,就会更加卖力地工作,努力提升自己的工作业绩。

用奖励激发员工积极性,用惩罚给员工敲响"警钟"

通过阿里巴巴的奖惩激励案例,我们可以看出奖惩对于员工激励的重要作用。作为管理者,要学会用奖励激发员工的积极性,用惩罚给员工敲响"警钟"。

1. 用奖励激发员工积极性

俗话说:"重赏之下必有勇夫"。这句话在一定程度上印证了奖励对激发一个人的勇气、能力的重要性。根据美国著名心理学家马斯洛的需求层次理论可以看出,驱使个人成长和创造的动机,是由数个需求层次组成的,最高层次的需求是自我实现,在此之下,动机由其他四种需要组成,即生理需求、安全需求、社交需求、尊重需求。

而奖励员工,正是满足了员工的马斯洛需求。给员工一定的奖励,不仅帮助其解决了经济问题,即生理需求与安全需求,同时,当员工受到奖励时,往往感觉到被尊重,荣誉感明显增强,这也在一定程度上满足了其社交需求与尊重需求。

当他的各种需求通过奖励被满足后,其面对工作自然更加具有积极性。

2. 用惩罚给员工敲响"警钟"

奖惩激励的一个重要作用就是通过惩罚加强员工对工作的重视程度,让其认识到自己在工作中存在的问题,并及时改正。惩罚员工不是目的,给其敲响"警钟",让其认识到自己的错误并端正工作态度、提升工作能力才是最终目的。

第8章 激励：人才是养出来的，超能是奖出来的

奖励他真正想要的，罚他真正害怕的

一些企业虽然实行了奖惩激励法，但是实际的作用并不明显。究其原因，归根结底是因为奖惩不到位。奖励的不是他真正想要的，那奖励就没有吸引力，受到奖励也不会特别开心；惩罚的不是他害怕的，那惩罚对他来说就无关痛痒，自然也就没有了威慑力。因此，为了把奖惩激励的作用最大化，就要奖励他真正想要的，罚他真正害怕的。

要想做到奖励的都是员工真正想要的，就要做到以下几点，见图8-2。

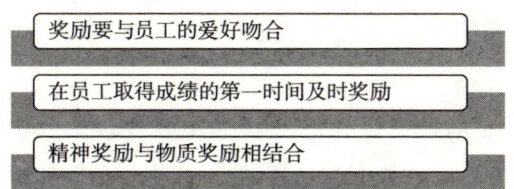

图8-2 如何奖励员工想要的

要想做到惩罚的都是员工害怕的，就要找到他的痛点，有针对性地对其进行惩罚。否则，惩罚只能是隔靴搔痒，没有意义。

同时，在惩罚员工时，还要注意一定的技巧，避免因为惩罚不当而伤害了其自尊心，否则不仅无法起到督促作用，甚至还会起到反作用，使其从此一蹶不振。

1. 惩罚应伴随着沟通

惩罚员工的目的是要提升其工作积极性。如果在不告知员工的情况下，就对其进行惩罚，一方面会让其不知所措，另一方面也会让其感到没有被尊重。因此，在惩罚时，应伴随着沟通。

首先，惩罚之前的沟通。与其共同分析其工作成绩，说明实施惩罚的原因，以及惩罚措施对应的工作表现。一方面通过指出不足帮助改进，另一方面让对方明确惩罚措施的"来由"。

其次，惩罚过程中的沟通。此时的沟通表现为就惩罚形式的沟通，以及对员工的尊重。

松下幸之助对于惩罚员工有一套独特的方式。惩罚员工时,他总是与被惩罚员工进行沟通。例如,有一次松下电器中一位很有地位的人犯了错误,松下幸之助就请这位犯了错误的人到自己的办公室,将一份"谴责状"递给了他,并对他说:"对于你犯的错误,我想发给你谴责状,如果你觉得不满,那就不必读了,我也不必浪费这份谴责状。但如果你认为因此事被斥责是应该的,那么不断反省自己的过错,将会使你成为一个有作为的人,今天的斥责也就有了价值,你觉得如何?"

面对松下幸之助这样的做法,这名员工感受到了老板对自己的尊重,从而对自己的过错更加自责。这名犯了错误的员工说:"我了解您的苦心。"

最后,惩罚后要沟通。惩罚后的沟通主要表现为反馈。在惩罚过后,如果员工在该项工作中有了明显地改进与提升,则要及时反馈,肯定其成绩。

通过公平奖惩,将奖惩激励的作用最大化

奖惩激励中,必然牵涉到员工的个人利益。如果奖惩不公,不仅无法起到激励的作用,还会引发员工的负面情绪,对工作造成不利影响。因此,在实施奖惩激励时,要着力做到公平奖惩。

要想做到公平奖惩,就要做好以下工作,见图8-3。

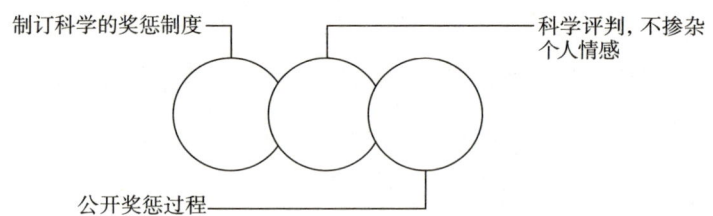

图8-3 如何做到公平奖惩

第 8 章 激励：人才是养出来的，超能是奖出来的

8.4 员工的能力是随着职位上升的

实际上，员工的能力往往与职位相匹配。当职位上升时，往往能够激发出自身更多的潜能来适应当前的工作。因此，在激励员工时，可以进入晋升激励。所谓晋升激励，指企业领导将员工从低一级的职位提升到新的更高的职位，同时赋予与新职位一致的责、权、利的过程。员工通过职位晋升，在工作领域得到更好的发展，从而增强自信心，最终达到激励的目的。

海底捞作为著名的火锅连锁企业，向来以优质的服务最为人称道。而使员工始终保持高昂的工作斗志与积极性的，就是晋升激励。

在海底捞，每个新来的员工都有三条晋升途径可以选择：

1. 管理线，见图 8-4。

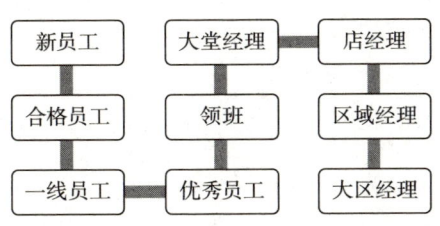

图 8-4 新员工管理晋升线

2. 技术线,见图 8-5。

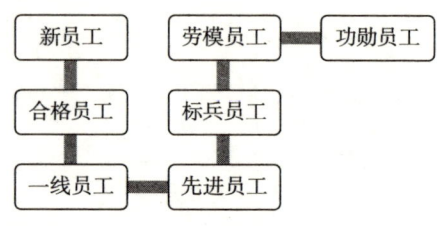

图 8-5　新员工技术晋升线

3. 后勤线,见图 8-6。

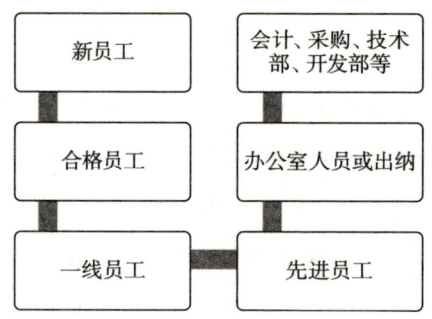

图 8-6　新员工后勤晋升线

在海底捞,员工的学历和工龄并不是晋升的必要条件,只要员工在工作中取得了足够的成绩,就可以按照晋升路径实现个人职位的晋升。这样的晋升制度,给了员工希望,让员工能够通过清晰的晋升路线看到自己未来的职业发展,从而更加积极地面对工作。

袁华强现任海底捞北京和上海地区的总经理。他19岁高中毕业后,走出农村老家,到海底捞打工。最初的职位是门童,在海底捞的晋升制度的激励下,他不断挑战自我,加强自己的工作能力,最终成为总经理。他说:"只要正直、勤奋、诚实,每个海底捞的员工都能够复制我的成功。"

对于那些没有管理才能的员工,通过任劳任怨的苦干、脚踏实地地工作,也可以得到认可,得到可观的回报。例如,如果做到功勋员工,那么工资收入就会和店长不相上下等举措,最大程度地实现了员工在晋升面前机会的平等。

第8章 激励：人才是养出来的，超能是奖出来的

通过海底捞的晋升制度，可以看出晋升激励在激发员工工作潜能与积极性方面的重要作用。合理运用晋升激励，可以让员工自觉提升工作能力。

帮助员工了解自己，明确其职位晋升方向

要想通过晋升激励提升员工工作能力，首先要保证员工对自己的工作能力有明确的认识，清晰自己的职业发展方向。当他对自己的晋升方向有清晰的规划后，晋升对其就会更加具有吸引力。

惠普作为一家著名的资讯科技公司，非常重视员工的发展激励。在员工管理中，惠普先是帮助员工了解自己，然后帮助员工制订适合的职业发展规划。在这一过程中，惠普首先做的是帮助员工全方位地了解自身需求。除了公司里会有专门的人员对员工进行调查，惠普公司还在网上为员工提供了技能和需要的自评工具，员工只需要使用这一工具，就可以得出自评的结果，对自身有一个更加明确的认识。惠普公司通过这样的方式，帮助公司中的每一个员工制订了详细的职业发展规划。这样的做法，不仅降低了公司员工的流失率，还使每位员工明确了自己的工作目标，有效提升了员工的工作积极性。

管理者可以通过以下几项工作，帮助员工了解自身的职业发展需求。见图8-7。

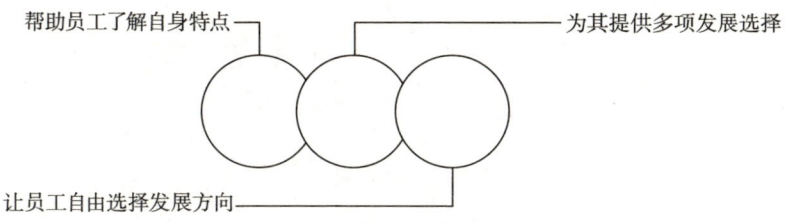

图8-7 如何帮助员工清晰职业发展需求

实行轮岗制，为员工晋升做准备

通常，员工在获得职位晋升后，因为缺乏工作经验，往往需要花费一些时间来熟悉工作岗位要求与工作内容。在这段时间内，工作业绩往往并

不理想。为了避免这一问题的出现,则可以实行轮岗制。轮岗制,不仅能够帮助员工快速熟悉多个岗位的工作内容,还能让员工了解各个岗位真实的工作状态,为其职位选择与职位晋升做好准备。

阿里巴巴为了全面提升员工的能力,一直有严格的内部轮职制度。有轮岗经历,是员工在阿里巴巴晋升的一个必要条件。

轮岗制给员工提供了在不同的岗位上的锻炼机会,从而为阿里巴巴培养了大量的复合型人才。

设置晋升标准,避免晋升路线单一混乱

晋升激励中,晋升标准的设置是一个关键环节。工作达到什么标准可以晋升?怎么晋升?都是晋升激励中的重要问题。一旦处理不当,就会对激励效果产生负面影响。因此,在实行晋升激励时,要设置明确的晋升标准(见图8-8),为员工选拔提供依据。

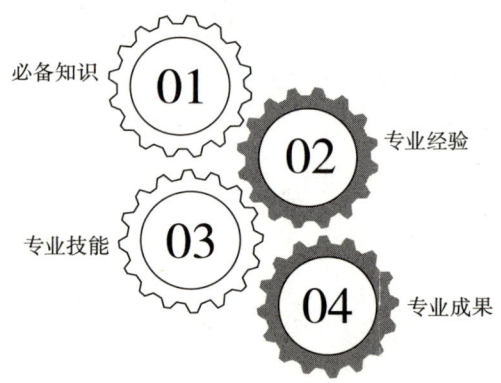

图8-8 职位晋升标准

此外,还要设置多条晋升路线,避免晋升路线过于单一。

(1)横向晋升。员工可以在不同的职位、部门以及子公司之间建立起转换和迁移的通道,促进员工的横向流动与晋升。

(2)双晋升通道。指技术通道+管理通道。技术通道,指员工可以通过提升技术得到职位晋升;管理通道,则是指员工可以通过在管理岗位上做出成绩而实现职位晋升。

第 8 章　激励：人才是养出来的，超能是奖出来的

8.5　能力是在你追我赶的竞争中锻炼出来的

竞争激励是行为激励法的一种，通过将"优胜劣汰原则"引进企业，使组织内部具有某种集体强化的自觉机制。竞争激励是竞争对手之间相互的强化激励，是激发员工主观能动性的结果。心理学家的实验表明，竞争可以增加 50% 或者更大的创造力。人人都有一种不甘落后、以落后为耻的心理，而竞争恰恰可以使人们在成绩上拉开距离，从而激励员工的上进心，激发他们的创造性思维。如果员工总是处在一个没有竞争、没有压力的环境中，员工的潜力则在很大程度上处于被压抑的状态，工作团队也会失去活力。在企业内部形成一种公平的竞争机制，不仅可以促进员工能力的提升，更重要的是，这种方法有助于保持一种积极向上的环境，激励所有人都去追求卓越。

卡耐基在《人性的弱点》一书中，讲了这样一个小故事：

磨房的工人没完成生产任务，施瓦普（经理请来的激励大师）问磨房经理："为什么磨房产量没有达到计划的数量呢？"

磨房经理说："我也弄不明白是怎么回事，为了提高他们的工作效率，我采取过各种措施，激励他们、批评他们，甚至于威胁他们，但都无济于事。"

眼看着夜班就要开始，施瓦普找来一支粉笔，然后他转过身去问一名即将下班的工人："你们这一班，今天磨了多少轮？"

"6 轮。"那名工人回答道。

施瓦普于是在地板上写个6字就走开了。来上班的夜班工人看到了那个6字,并从工友处了解了其中的含义。

第二天一早,施瓦普再一次走过磨房时,发现地上的那个6字,已经变成了一个7字,原来这是夜班工人的工作量。而当日班工人来报到时,显然也看见地板上那个大7字并明白了其中的意思。一种竞赛的心理开始在他们中间产生,他们决心要给夜班工人一点厉害看,于是都很卖力地干,直到下班时写下一个10字,才离开。

不久,这个原本生产远远落后于计划产量的磨房在整个面粉行业中的业绩就名列前茅了。后来,施瓦普总结说:"要做事就要竞争,我说的竞争并不是为了肮脏的钱,而是一种超越的欲望。"

以上的小故事,印证了竞争在提升员工积极性与工作能力方面的重要作用。

掌握竞争激励法的实施步骤

竞争激励作为激励员工的一种方法,有其固定的实施步骤。我们要掌握其实施步骤,有序开展竞争激励。

1. 巧妙利用数字将员工作比较

在竞争激励中,数字是最具有说服力与可比性的。将员工的各项成绩用数字表现出来,能够有效激发其好胜心。因此,对于能够定量考核的目标,要尽量使用数字进行定量考核,并定期公布考核结果。为保证效果,应注意以下几个问题,见图8-9。

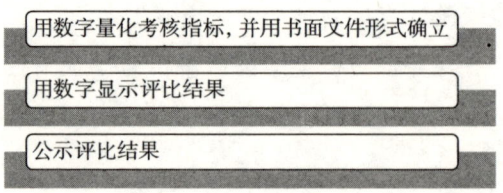

图8-9 利用数字比较员工应注意的问题

第8章 激励：人才是养出来的，超能是奖出来的

2. 采用分组竞争的方式

当员工处于一个团队中时，其荣誉感会大大增强。因此，管理者可以采用分组竞争的方式实施竞争激励。通过将全部员工分为若干个小组或工作团队，定期进行评比，并将评比结果进行公示，能够有效促进员工工作积极性与能力的提升。

3. 明确竞争对手

竞争激励中，竞争对手的设置是一个关键要素。和谁比，有时也会对员工产生影响。因此，管理者要根据企业的发展需要，分析员工能力，选择合适的竞争对手。

用"末位淘汰制"实现竞争激励

"末位淘汰制"，顾名思义是淘汰一个在团队中排名次序处于末尾的人员。末位淘汰制作为竞争激励中的一个重要手段，可以对工作成绩不佳的人提出警告，督促每个员工认真工作。

实施末位淘汰的过程中，管理者应该注意以下问题，见图8-10。

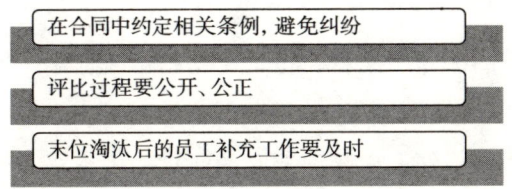

图8-10　实施末位淘汰制应注意的问题

很多管理者由于没有注意相关的问题，导致影响了末位淘汰制度在实施过程中的公平公正。一旦出现这样的情况，不但不能发挥末位淘汰制度对于员工的激励作用，还会让员工感觉末位淘汰制度不公平，从而严重影响员工的工作积极性。

谨防"螃蟹效应"，保持良性竞争

有动物学家曾经做过一项实验：如果将螃蟹放在不高的水池里，当只

有一只螃蟹时，螃蟹则能够通过自己的努力爬出水池；而当水池里同时有多只螃蟹时，螃蟹就会叠罗汉，总有一个在上边，一个在下边，当一只螃蟹爬到水池口时，其余的螃蟹就会用威猛的大钳子抓住它，把它拖到底层，由另一只强大的螃蟹踩着它向上爬。如此循环往复，最终无一只螃蟹能够成功"突围"。这样的现象就被称为"螃蟹效应"。

"螃蟹效应"反应在职场中，表现为只顾个人利益，不顾团队利益，实际上是一种恶性竞争的表现。竞争激励的初衷是通过竞争提升员工的积极性与工作能力。但是，竞争激励如果使用不当，则很可能会出现恶性竞争的局面。一旦出现恶性竞争，非但无法起到激励的作用，还会在工作团队中造成相互猜忌、勾心斗角等问题。所以，管理者在使用竞争激励时，要谨防"螃蟹效应"，保持团队的良性竞争。

团队中产生螃蟹效应，通常有以下几个原因：

（1）小人、庸人当道，为巩固自己的地位，他们对贤能者进行排挤、打压、迫害，使整个团队里只存在差于自己及听话的人。

（2）企业文化落后，激励机制不健全，使得人才被同化，工作积极性降低。

（3）墨守成规的保守主义者，将平衡与稳定视作第一要务，怕有人打破平衡会产生其它影响而不作为。

（4）员工存在踩着别人肩膀往上爬的心理，做出损人利己或损人不利己的事情。

为了防止"螃蟹效应"的产生，管理者应该做好以下几项工作，见图8-11。

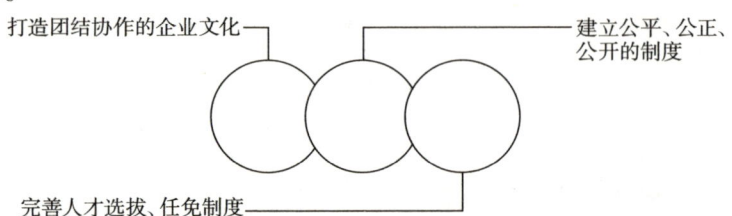

图8-11 如何防止"螃蟹效应"的产生

第 8 章　激励：人才是养出来的，超能是奖出来的

8.6　让员工在失败中成长，在挫折中成熟

挫折，看似与激励没有联系，实际上也是一种重要的激励手段。挫折激励，就是利用人们的挫折心理，变消极防卫为积极进取、变被动应付为主动奋争的一种激励法。激励离不开挫折，离开挫折的激励是不完整的。管理者要学会合理运用挫折激励，提升激励效果。

在采用挫折激励时，作为管理者可以采用以下几种方式：

"三明治式"批评，表扬中夹杂着批评

在批评心理学中，人们把批评的内容夹在两个表扬之中，从而使受批评者愉快地接受批评的现象，称之为"三明治效应"。"三明治式"批评是挫折激励中一个重要内容。如果直截了当地批评员工，就会无法避免地让员工感觉到自尊心受到了伤害，自然无法起到激励员工的作用。所以，在员工出现错误时，要想通过批评员工达到让员工改进工作、提升工作积极性的目的，就要采用"迂回"的批评方式，也就是"三明治式"批评。

美国著名企业家玛丽·凯在《谈人的管理》一书中写道：

不要只批评而要赞美，这是我严格遵守的一个原则。不管你要批评的是什么，都必须找出对方的长处来赞美，批评前和批评后都要这么做。这就是我所谓的"三明治策略"——夹在大赞美中的小批评。

"三明治式"批评之所以能够成功实现挫折激励，主要有以下几个原因：

1. 消除被批评者的防卫心理

批评员工时，如果一上来就批评，非常容易引起员工的反感，并且，还会使其产生一种自然的反射状的防御反应以保护自我。而如果在批评之前，先说一些关怀、赞美的话，则可以营造良好的沟通氛围，让被批评者平静下来，安心对话。

2. 解除被批评者的后顾之忧

单一性的批评，往往在批评结束时还会让人心有余悸，担心是否会再次被批评或受罚。这样的后顾之忧，不仅无法起到激励的作用，还会增加员工在之后工作中的负担。而"三明治式"批评的最后表扬，则能够给予被批评者鼓励、希望与帮助，使其振作精神，努力工作。可以说，"三明治式"批评的最后表扬，是挫折激励中画龙点睛的环节。

3. 保全被批评者的面子

批评只是手段，激励才是最终目的。"三明治式"批评既指出了问题，同时也让人易于接受，能够激发员工奋发向上的心态，使其积极性始终维持在良好的水平上。

采用"三明治式"批评员工时，我们需要遵循以下步骤：

第一，赞美。这一环节的主要目的是要营造良好的谈话氛围。通过对其整体工作的赞美，肯定其工作成绩，让其感受到自己的工作能力被上司肯定、赏识，让他尝到一点"甜头"，为之后的批评打下基础。

第二，批评。这一环节是本次谈话的核心内容。详细阐述员工在工作中存在的问题，说明其仍需改进的地方。这时，员工会认为这是上司希望自己变得更好的表现。对于上司提出的意见，就会欣然接受，而不会因为上司对自己的工作提出了一些批评意见而感到沮丧。在这一过程中，要注意说话方式，语气要委婉，避免由于说话方式不当而伤害员工的自尊心。

第三，鼓励。这是"三明治式"批评的最后一步。批评员工后，为激励员工改进工作，就要向其提出鼓励和希望。通过这样的方式，让员工感到自己对工作仍充满希望，并感到，上司仍然对自己抱有很大的期望。听

第8章 激励：人才是养出来的，超能是奖出来的

到这样的话语，无形之中会增加员工的工作积极性，在之后的工作中，付出比以往更多的努力。

将以上三个步骤合并起来，"三明治式"批评可以像这样表达：××员工，我觉得你的工作能力很强，在工作中表现出的工作能力大家都非常认可，你也为公司做出了很大的贡献。但是，我觉得你可以在×××地方稍微改正一下，这样，你在以后的工作中会有更好的成绩，我相信你一定可以的。希望你能够改正这些小的不足，尽力完善自己，在工作中获得更高的成就。

打消员工的过分自信

几乎每个团队中都有过分自信的员工。过分自信，有时会影响团队的整体业绩。打消员工的过分自信，是挫折激励中的又一重要方式。

1. 让他犯一个可以弥补的错误

有些人不犯错误是认识不到自己的不足的，对于这类过分自信的人，可以给予他犯错误的"机会"。但是，这个错误不能是"致命"的，而是一个可以弥补的错误，这样他就会将功赎罪，想办法弥补。

2. 让他承担不是错误的错误

有的时候，不想给过分自信的员工"没事找事"，那就让他承担一些不是错误的错误，让他从这些不得不承担的错误中感受挫败感。

3. 借用第三方的力量予以打击

作为过分自信员工的直接上级，当对他的威慑力不够的时候，可以借助第三方来打击他。例如，可以通过更高的上级，或者借用客户的力量。

4. 给他安排难度较大的工作

过分自信的人通常妄自尊大，总认为自己的能力超过其他任何人。因此，对症下药的方法就是安排难度较大的工作给他，让他意识到自己的能力也是有限的。

做好挫折激励的控制工作

挫折激励属于反向激励的方法，如果操作不当，则会适得其反。因此，在实施挫折激励时，要做好控制工作。

1. 防患于事前

下属遭受到挫折，可能导致他们产生坚持行为、对抗行为或放弃行为，这些行为大多会产生不良后果。管理者对员工进行激励前就要考虑到防范措施，制订必要的应急和补救对策。

2. 除患于事后

一个敏感的管理者应能及时觉察挫折给下属带来的紧张和焦躁，也能觉察他们的思想和行为的每一微小变化。管理者要主动承担责任，解除下属的思想顾虑；要真诚地给他们以关心、劝慰和鼓励；要帮助他们总结教训、分析原因、摆脱困扰、振奋精神。

第 8 章 激励：人才是养出来的，超能是奖出来的

8.7 股权激励，将员工利益与企业利益绑在一起

股权激励，又称期权激励，是企业为了激励和留住核心人才而推行的一种长期激励机制。股权激励主要通过有条件的给予员工部分股东权益，使其具有主人翁意识，从而与企业形成利益共同体，实现企业与员工共同成长，帮助企业实现稳定发展的长期目标。

有效的股权激励要以合适的股权激励要素为基础

股权激励对于激励员工具有明显作用。但是，要想充分发挥股权激励的作用，首先要设计合适的股权激励要素。

1. 激励对象

根据激励对象的不同，股权激励的种类也不同。管理者首先要确定激励对象，然后才能根据激励对象选择合适的股权激励模式。通常，股权激励根据针对的激励对象不同，会有企业经营者（如 CEO）的股权激励、普通雇员的持股计划、以股票支付董事报酬、以股票支付基层管理者的报酬等。

2. 购股以及售股规定

指对股权激励对象购买或者出售股权的相关规定。其中，购股规定包括购买价格、期限、数量及是否允许放弃购股等；售股规定则包括出售价格、数量、期限的规定。确定购股以及售股规定，能够有效规范股权激

的过程，防止股权激励由于相关制度不完善而出现问题。

3. 被激励人的权力和义务

明确股权激励所涉及人员的权力、义务，如是否享有分红收益权、是否享有股票表决权以及如何承担股权贬值风险等权力义务等。

4. 股权管理

股权激励中一定会涉及到企业股权的变动。如果对股权没有一定的管理措施，股权激励则会有诸多隐藏风险。股权管理，主要管理以下几个方面，见图8-12。

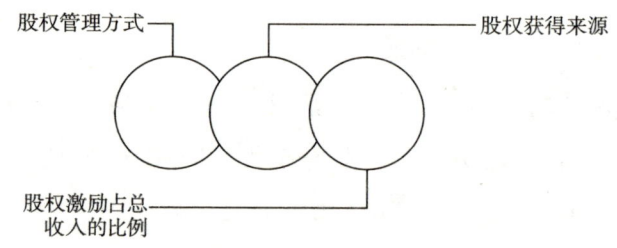

图8-12　股权管理内容

5. 操作方式

包括是否发生股权的实际转让关系、股票来源等。一般情况下，为了回避法律障碍或其他操作上的原因，在股权激励中，实际上不发生股权的实际转让关系。

确定股权激励的模式

股权激励模式的选择，是股权激励中的重中之重。激励模式选择不恰当，股权激励的效果将会大打折扣。

1. 实股激励

通过企业实际的股权激励员工。实股激励，激励对象可以持有企业的实际股权，并且与企业的其他股东一样，享有股东的一切权力，见图8-13。

第8章 激励：人才是养出来的，超能是奖出来的

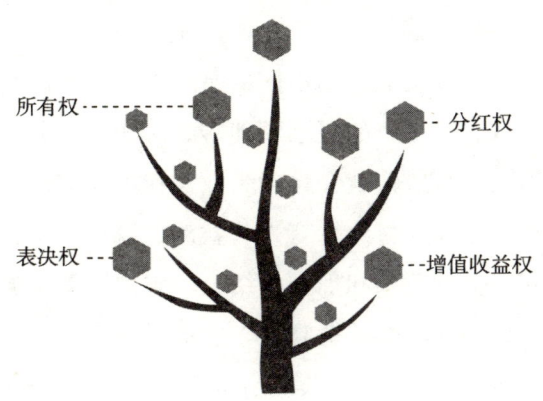

图8-13 股东权力

实股激励又可以分为员工持股以及管理层收购两种模式。两种模式适用的情况不同，激励效果也有明显区别。

（1）员工持股，指由企业内部的员工个人出资认购本企业的部分股份，并委托企业将股份进行集中管理。

（2）管理层收购，指管理者或经理层利用借贷所融资本购买本公司的股份，从而改变企业所有者结构、控制权结构以及资产结构，实现持股经营。

实股激励具有以下优势，见图8-14。

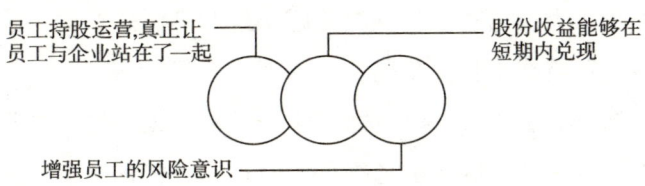

图8-14 实股激励优势

实股激励同时也存在一定的弊端。例如，由于员工持股，导致企业原有股东对企业的控制权被稀释，经营风险相应增加。实股激励涉及到企业的股权结构变动，应谨慎使用。

2. 虚拟股激励

虚拟股权激励不同于实股激励，是公司股权的虚拟化。企业为激励员

工，授予激励对象一种"虚拟股票"。激励对象可据此享受一定数量的分红以及股价升值收益。与实股激励不同的是，虚拟股权激励的激励对象并没有所有权和表决权，所持有的股票不能转让和出售，并且，一旦激励对象离职，其所持有的虚拟股份就会自动失效。在虚拟股票持有人实现既定工作目标的前提下，企业支付给持有人收益时，既可以支付现金、等值的股票，也可以支付等值的股票和现金相结合。虚拟股票是通过其持有者分享企业剩余索取权，将他们的长期收益与企业效益挂钩。可以说，虚拟股激励只是给员工一个分红的凭证，是给予员工奖金的另一种表现形式。

与实股激励相比，由于虚拟股并不会使企业的股权结构发生变化，因此，原有股东对企业的控制权不会被稀释。并且，虚拟股权激励实施起来更加灵活、方便。但是，虚拟股权激励同时也存在一定的弊端。一方面，由于激励员工使用的股权并不是实际股权，因此激励程度与实股激励相比会有所减弱。另一方面，由于激励对象的分红意愿强烈，企业的现金流压力会相对较大，特别是当企业的股票升值幅度较大时，现金流压力则会变得更大。

3. 期股激励

指激励对象按照约定的价格，在规定的时期内，当达到一定的绩效条件后，激励对象个人以出资、贷款、奖励、红利等方式获取一定数额的企业股权，股权收益将在中长期兑现。

实行期股激励，经营者可以更加注重公司的长期利益，并且不用一次性支付大量的资金，还可以从中选拔出具有优秀才能的员工，起到激励员工的作用。但是，经营者很难在短期内实现收益，并且由于考核的标准无法准确衡量，有可能最终导致期股激励失败。

4. 激励模式交叉使用

实际管理中，为适应企业管理条件，将股权激励的作用最大化，常常将各种股权激励模式交叉使用。主要有以下几种结合方式，见图 8-15。

第8章 激励：人才是养出来的，超能是奖出来的

图 8-15　股权激励模式结合方式

华为在使用股权激励时，就根据企业的不同阶段，采用了不同的股权激励模式，参见表 8-1。

表 8-1　华为股权激励

发展时期	股权激励模式	具体做法	激励效用
创业期	不规范持股	每股一元，以税后利润的 15% 作为股权分红，员工工资由工资、奖金以及股票分红三部分组成	既实现了内部融资，又实现了员工激励
调整期	期股激励与虚拟股激励结合	根据公司的评价体系，员工获得一定额度的期权，其使用年限为四年，每年兑现额度为 25%	实现了员工的长期激励
不稳定期	配股降薪、期股激励与薪酬体系相结合	以内部运动的形式号召公司中层以上员工自愿降薪，大幅度配股	既实现了员工激励，又稳定了员工
稳定期	饱和配股	股票价格每股 4.04 元，年利率逾 6%，涉及范围为工作一年以上的员工	激励了新员工，同时解决了老员工坐享其成的问题

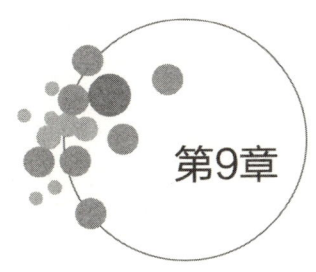

第9章

支援：搭把手，成就一个高手

员工在成长的道路上会遇到各种各样的问题，有时仅靠一人之力会非常困难。这时，如果管理者能够搭把手，给员工一点辅导、一些点拨，就能让他豁然开朗，成功解决问题，工作再上一个新台阶。因此，管理者要学会辅导员工，适时提供一些支援，在其前进的道路上搭把手。

9.1 天赋再高也要师傅先领进门

俗话说:"师傅领进门,修行在个人。"每个人在接触一项新事物时,即使能力很强,但是由于对新事物的各方面不熟悉,都需要一个有经验的人予以辅导,把自己领进门。而所谓的领进门,则是让其对新事物形成一个完整全面的认识和了解,掌握其中的运行规律。管理工作中,管理者同样要将下属领进门。

因材施教,选择正确的方法

每个员工的成长背景、教育背景、能力高低以及兴趣爱好都有明显区别,因此,辅导方法也有明显不同。为了提升辅导效果,管理者要因材施教,针对每个下属的特点,找到合适的辅导方法。

某经理在辅导员工时,非常注重因材施教。其负责辅导的员工有数十个,但是,他都能够找到每个员工的特点,为其量身制订一套辅导方法。例如,其中有一名员工性格较为内向,在平时的工作中非常害羞,遇到问题也不好意思向别人求教。因此,这名经理决定多鼓励这名员工。在实际工作中,遇到一些需要动手示范的工作,经理总会为这名员工动手做示范,并且不断鼓励他,增强他的自信心。

通过这样的辅导方式,这名员工的工作状态得到了明显的改变,不但变得更加自信,工作能力也有了明显的提高。

综合工作能力与工作意愿这两方面,可以将员工类型分为四种。

1. 工作能力弱，工作意愿强烈

这一类型员工，需要肯定其工作热情和工作技能。辅导工作中，要帮助其明确工作目标、工作标准、实现途径、完成期限等，并对其工作结果进行持续反馈，不断帮助其提升工作能力。

2. 工作能力弱，工作意愿低

辅导这一类型的员工时，要从能力提升以及增加信心两方面入手。能力提升方面，要尽量对其实施手把手教学，全面辅导工作内容；增加信心方面，要帮助其明确工作价值和前景规划，增加其工作兴趣和信心。

3. 工作能力中等，工作意愿不定

这一类型的员工通常需要一位平易近人的良师。辅导这类员工，要有充分的耐心，让员工表达自身的忧虑，并对其表示支持与鼓励。用客观的眼光评估其工作技能，建立高水准的能力和信心，并帮助其扫除目标达成过程中的障碍。

4. 工作能力强，工作意愿强烈

这类员工需要通过变化和挑战释放潜能。作为其上司，要成为一位良师型或者同事型的领导者，感谢其做出的贡献，给予其更多的自主权，并在必要的时候为其提供资源支持。

指点其工作，而不是指指点点

要把员工领进门，最快速也是最有效的方法，就是让其在"实战"中获取工作经验，在失败中获得成长。因此，在辅导员工的过程中，最重要的是要让其亲身体验工作，必要的时候予以指点。但是，切忌将指点变成指指点点，最终让员工乱了阵脚。

小张是一名新入职的文员，为了让小张尽快上手，在入职后的第一个月，由她的上司王经理带她。但是，王经理对小张的辅导过于细致，以致其无法发挥自己的想法。例如，在打印资料与统计办公用品的问题上，王经理要求小张先统计好需要购买的办公用品，再打印资料；但是，其中一份资料是马上开会要用的。王经理对于这一实际情况并没有了解,就为小张安排各项工作的先后顺序,导致小张在工作中犯了难。不知道应该按照自己的想法工作,还是应该听从上司的指令。

这样的辅导方式,变成了对下属工作的指指点点。不仅无法帮助下属实现工作能力的提升,还会影响其工作进度,给其工作造成困扰。作为管理者,要学会在恰当的时机予以点拨和指点,避免代替其做决定,从而影响其对工作的认知。

不断沟通,提出改进意见

要想把员工领进门,持续沟通是一个关键要素。即使在工作之前告知其工作方法,由于工作中的不确定性,也会产生一些意想不到的问题。而这些问题,往往是阻碍员工进步的"绊脚石"。因此,管理者要在员工工作中不断就工作情况与其进行沟通,并对其工作提出改进意见。

管理者可以定期检查员工的工作情况,通过召开座谈会以及私人谈话的形式,了解员工的工作情况,掌握其思想动态。针对工作中出现的问题,不要一味地责怪、否定,而要安抚其焦急的心情,通过鼓励增加其信心。同时,帮助其寻找解决问题的方法,针对问题提出自己的改进意见,以便其更好地完成工作。

9.2 事前辅导：事先就把问题解决

工作，是一个不断解决问题的过程。通常，我们帮助下属解决问题，是在下属工作出现问题后，再着手对其进行辅导，帮助其解决问题。实际上，这样的方法只是"补救"，既造成了实际工作的损失，还影响了工作效率。如果我们能够在事前就对其进行辅导，先帮助其把问题解决掉，则可以提前扫清工作障碍，之后的工作就会变得得心应手，工作效率自然能够得到提升。因此，我们要对下属进行事前辅导，"把问题解决在摇篮里"，事先就把事情解决。

梳理工作流程，扫清执行障碍

工作要按流程走，只有高效地执行流程，才能保证最终的工作效率。但是，实际工作中，往往由于工作流程执行不顺畅，而影响了工作效率与工作质量。工作流程不畅，也是员工工作中的常见问题。因此，要事前帮助下属梳理工作流程，扫清执行障碍。

1. 参与者

首先帮助员工确定该项工作的参与者，即工作会涉及到的人员。例如，当员工要做报销工作时，按照报销流程，会涉及到有报销需求的员工、审批报销申请的领导、处理具体报销事宜的财务人员等。帮助员工理清工作参与者，可以让员工在协调过程中更有针对性。在梳理参与者时，应注意以下几个问题，见图9–1。

找出必须和关键的参与者	01
人员与岗位挂钩,而不是具体到某个人	02
人员梳理要全面、无遗漏	03

图 9-1　梳理参与者时应注意的问题

2. 明确工作目标

工作目标决定并指导着具体工作行为。明确工作目标,可以有效避免工作方向出现偏差。

3. 流转顺序

即工作流程按照怎样的步骤流转,完成条件达到哪个步骤,未完成条件返回哪个步骤。让员工明确流转顺序,当其在某一个环节遇到问题后,知道该返回哪一环节进行调整,以免由于突发问题乱了阵脚。

4. 相关材料

工作中,不可避免地会用到某些材料。帮助员工事先明确所需材料,就可以让工作变得更加从容。

寻找工作方法最优解,降低工作完成难度

一项工作的最终效果如何,工作方法起着决定性作用。方法不对,工作无法完成;方法不优,工作可以完成,但是过程艰难,效率低下。事前辅导,不仅要帮助其寻找正确的工作方法,还要在众多正确方法中找出最优解,即最合适的方法,降低工作完成难度,最大限度地提升工作效率。

通用电气公司前总裁杰克·韦尔奇在谈到通用电气的成功经验时说:"通用电气成功的重要原因,就在于能够不断寻找更好的方法。"

例如,当惠普公司有可以借鉴的地方时,通用电气则会虚心向其学习,当其他公司有值得借鉴的地方,通用电气也会向其学习。

杰克·韦尔奇将寻找方法最优解称为通用电气的企业文化。

沃尔玛百货公司的创始人山姆·沃尔顿同样具有寻找工作方法最优解

的意识。一次,山姆正在工作,采访他的记者看到排队结账的人特别多,于是便恭喜山姆说:"没想到你的生意这么好。"但是,山姆却说自己的生意很糟糕。听到山姆的话,记者感到非常困惑,于是对山姆说:"你看你的店里面排队的人那么多,怎么能说生意不好呢?"山姆回答他说:"客人在我的店里消费,光是结账就要浪费他们这么多时间,当然是不好了。如果生意做得好,就要知道怎么为顾客节省时间。"于是,山姆针对这一问题想了多种解决办法,最终从中找出了一种最好的方法解决了这一问题。这也是沃尔玛能够成功的重要原因之一。

向下属传授经验,避免其"误入歧途"

事前控制还表现在员工投入一项工作之前的经验传授。实际工作中,经验不足是导致工作出现问题的一个重要原因。因此,在员工工作之前,由具有相关经验的人员向其传授一定的经验,能够有效避免其在工作中由于经验不足可能导致的问题,避免其"误入歧途"。

小张是一名新入职的销售员,负责公司产品的销售工作。为了让他能够更好地做好工作,公司为其安排了销售经验丰富的老员工为其做辅导。

通过老员工的辅导,小张学到了很多新的知识。例如,小张之前认为要提高销售业绩,就要在第一时间向联系上的客户推荐公司的产品,全程不涉及其他方面的事情,以免浪费与客户沟通的时间。但是,经验丰富的销售员却告诉小张:"你的这种想法理论上是可以的,但是,在实际销售过程中却行不通。在客户跟你不熟的情况下,会保持一定的戒心,这时你向他推荐你的产品,他多半是不会信服的,自然不会购买。所以,在向客户推销产品之前,一定要先跟他聊聊天,套套近乎,让他放下对你的戒心,等他充分信任你之后,再向他推荐产品,他购买的可能性就会大大增加。"

在下属投入到工作之前,先给他传授一些实用的工作经验,就可以有效减少其在实际工作中走弯路,更好地提升他的工作技能,释放他的潜能。

第9章 支援：搭把手，成就一个高手

9.3 找出问题：及时搬开员工成长的绊脚石

员工在成长的道路上，并不是一帆风顺的，会遇到各种各样的问题。作为管理者，应该尽可能地找出员工成长道路上存在的问题，并及时解决，帮助他们搬开成长路上的绊脚石，让其能够更快、更好地成长。因此，管理者要找到员工成长过程中存在的问题，并根据具体问题进行具体分析，找出解决办法。

问题一：下属个人专业能力不足

员工要想做好工作，具备较强的专业能力是必要条件，也是决定因素。如果专业能力不足，任何工作都无法做好，个人成长也就无从谈起。但是，个人专业能力不足，又是员工在成长道路上非常常见的问题。所以，要帮助员工搬开成长路上的绊脚石，首先要帮助员工提升专业能力。

约翰是一名销售经理，管理工作中他非常注重员工的培养以及释能工作。约翰总是希望能够帮助员工尽快实现个人成长。在一次员工工作情况调查过程中，约翰发现，超过70%的员工认为销售业绩不理想的原因是因为没有掌握销售技巧。

针对这一反馈，约翰向总公司申请，为下属安排了多次关于销售技巧的培训。经过培训，员工掌握了大量的销售技巧，销售工作变得得心应手，不仅知道了应该如何寻找客户，还掌握了推销技巧、客户维护技巧等。

培训之后，员工整体的销售业绩有了明显的提升。不仅为企业带来了更多的利润，员工也实现了个人的成长与发展。

约翰正是看到了员工关于销售技巧这一专业能力的不足，为他们提供了培训机会，帮助他们解决了"专业能力薄弱"这块"绊脚石"。

问题二：下属缺乏信心

信心是做好工作的前提。如果员工缺乏信心，是断然做不好工作的。因此，当员工缺乏信心时，作为他的上级，要帮助其建立充足的自信心。

艾米是一家销售公司的管理者。工作中，她发现很多新入职的业务员因为销售业绩不理想，逐渐失去了信心。为了帮助他们重新建立自信心，艾米在开会时，用以下方法帮助下属调整心态。

艾米说："相关数据表明：世界上最顶尖的销售员，成交一个顾客需要拜访30个顾客以上，新业务员要拜访60个以上的顾客才能成交一个顾客；拜访30个顾客，顾客拒绝你，那么恭喜你，你找到了30个老师，你把每个老师拒绝你的原因分析出来，那么第31个顾客，你就成交了。业务员要做出成绩，至少需要三个月的时间。第一个月学习专业知识，第二个月学习销售技巧，第三个月建立人脉关系。成为一名优秀的业务员，至少需要一年的时间，不要刚接触销售行业就想要赚大钱。销售就像种田，春天播种，秋天才能收获，在这一过程中，需要不断耕耘，有多少付出就有多少收获。"

听了艾米的话，员工豁然开朗，逐渐增强了自信心。

在实际的管理工作中，当员工出现了信心缺乏的现象时，要及时鼓励、赞扬，帮助他们重新建立自信心。

问题三：没有展示才华的平台

员工有才能，但是如果缺少展示才能的平台，仍然很难实现个人的快速成长，这也是员工成长道路上的绊脚石之一。在支持员工工作时，还要着力为员工打造展示个人能力和才华的平台。

第9章 支援：搭把手，成就一个高手

某家广告公司的经理非常重视员工培养工作。对于有才能的下属，这名经理都想方设法为其提供展示才能的机会与平台，让其有机会在自己的职业生涯中再进一步。例如，这名经理发现其中一名员工具有超强的组织能力，为了挖掘并充分发挥他的这种能力，这名经理让这名员工单独负责一个发布会现场的布置工作。

在这项工作当中，这名员工真正发挥出了自己的长处，从场地选择、物品购买，以及时间控制等多个方面，充分展示出了其在组织协调方面的过人之处。

经过这件事之后，不仅让公司的其他领导看到了他在组织方面的才能，更让他认清了自己的长处，对于自己之后的职业发展方向也有了更加清晰的规划。

实际管理工作中，当我们发现员工空有一身的本领，而没有施展才华的平台时，就要帮助他解决这一问题，积极为其搭建展示平台，给其充分发挥才能的空间。

问题四：缺少资源支持

任何工作的开展，都需要依赖一定的资源支持才能完成。很多情况下，即使员工有才能，但是如果没有一定的资源支撑，同样无法完成工作。

例如，一个员工有一个很好的项目等待实施，但是缺少资金支持，那么即使员工的设想再好，想法都无法变成现实；又如，一项需要多人协调才可以完成的工作，只有员工一个人在努力，没有其他人帮助时，同样无法在规定的期限内完成工作。

因此，作为管理者，当下属需要资源支持时，要为其提供尽可能多的支持。

9.4 示范演练：喊破嗓子，不如做出样子

在平时的工作学习中，我们常常有这样的体会：对于某一项工作的做法，听着别人说了很多遍，仍然是似懂非懂。即使听懂了，到自己操作时，又是另一番景象。但是，如果能看别人实际操作一次，就可以形成非常深刻的印象，对抽象知识的理解变得具象，学习效率也明显提升了。

实际上，这就是示范的作用。作为一名管理者，在指导员工时，与其喊破嗓子，换来下属的一知半解，不如做出样子，亲自给下属做示范，让他们对工作方法形成具象认识，从而快速掌握工作方法。

解说当前工作情况和工作注意要点

在给下属做示范演练时，并不是直接演示，而是需要就当前的工作情况以及工作注意要点对下属进行解说，让其了解当前工作的基本情况，这也是为员工初步了解工作方法所必须做的铺垫。

解说时，需要对下属说明以下内容，见图9-2。

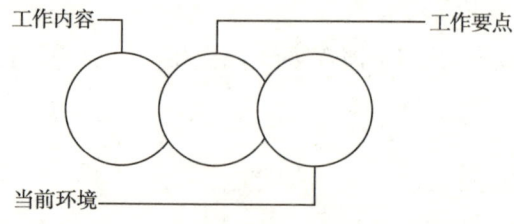

图9-2 解说时需说明的内容

例如，解说时，可以采用这样的模式：当前，有一批已经生产完毕的产品需要进行质量检测，检测时间较为紧迫，需要在三天的时间内完成，接下来我们要做的工作主要是检查产品的质量是否合格。其中，需要注意以下要点：第一，必须对每个产品都进行详细检测，逐一检查。第二，按照检测表中的内容对产品进行逐项检查，避免漏检。第三，在保证检测结果准确性的前提下，加快检查速度，提高检查效率。

在解说时，还要注意以下几点：

1. 接下来需要做的工作中如果有危害人身安全的地方，应该重点说明安全装置的使用方法以及求生之道。

2. 为了让下属能够听懂解说，要尽量使用通俗易懂的语言，避免大量使用专业词语或者模糊词语。当下属在解说过程中提出疑问时，要及时为其进行解答。

3. 解说内容应包含接下来所要做的示范工作的全部内容，保证内容具体、详细，以便让下属对你接下来的示范工作做到"心中有数"。

带着员工一起做

当通过第一次的示范，让下属对操作方式形成初步的印象后，接下来就要带着员工一起做。每做完一步，就要让下属跟着重复一步，每一小步的结果都要进行比较，如果下属与自己做的有差异，就要仔细分析其操作方法，找出其中存在的问题，并且对其说明原因。如此反复数次后，可单独让其试做一遍，此时，要站在一旁观察，对其进行及时指导。

在这一过程中，要注意以下几点：

（1）下属每进步一点儿，都要立即进行口头表扬，消除下属在尝试中的紧张情绪，增加其信心。

（2）在关键的工作环节，要让下属在试做的过程中口头复述一遍，看其是否已经记住了操作步骤以及关键点。

（3）观察下属操作时，要"动口不动手"。看到其有哪些操作不当的地方，要口头进行指导，但是不能伸手帮他做，只有这样，才能让下属真正掌握操作方法。如果他一出问题就帮忙操作，那他下次操作时，仍然会卡在那一环节，永远无法真正掌握操作要领。

确认示范教学结果

经过之前的详细解说、单独示范以及一起操作演练，下属应该已经基本掌握了整个操作流程。接下来，就要确认示范教学结果。

首先，让下属最后单独操作一遍，确认示范教学结果。这一过程中，要仔细观察其各环节的操作是否符合作业标准的要求，是否可以单独完成工作，以及有无其他偏离各项规定的行为。

其次，如果确认下属已经能够独立按照工作标准工作，要对其提出表扬，鼓励其在之后的工作中再接再厉。

做好示范，首先要强大自己

上述内容阐述了如何对下属做示范演练，帮助下属做好工作。但是，这一切都要以管理者本身具有强大的工作能力为基础。如果自己能力欠缺，对相关工作的操作方法掌握不精，就无法在下属面前做示范演练。即使做示范演练，也只能是错误的示范，不仅无法帮助下属快速掌握工作技能，提升工作能力，反而会"带偏"下属，让其在错误的道路上越走越远，这对于提升下属工作能力有百害而无一利。因此，作为管理者，要想通过示范演练帮助下属提升工作能力，首先要强大自己，掌握更加全面的专业知识，操作标准更加规范，对相关条例更加熟悉。

第9章 支援：搭把手，成就一个高手

9.5 提供资源：后援给力，员工才更给力

现实工作中，一项工作的成功，需要多方面的资源支持。除了依靠个人的努力，更离不开团队的协作。为了保证下属工作的顺利进行，需要学会为其提供必要的资源支持。当有资源支持时，通过合理运用多种资源，工作就会更加得心应手，便于更快地取得成功。

提供人力资源支持，让员工不再孤军奋战

一项工作，仅仅靠一人之力往往无法完成，有时需要他人配合，有时需要他人协助。在这样的情况下，作为管理者，要及时给下属提供人力资源支持，帮助其完成工作。

小王是一家广告公司的职员。一次，上司分配给他一项布置发布会会场的工作，并规定其在一天之内完成。但是，由于布置工作会场需要涉及到购买物品、摆放桌椅、调试话筒等多项工作，仅仅依靠小王一个人的力量，是无法在一天之内完成的。

为了让小王能够在规定的时间内完成布置会场的工作，小王的上司派了两个工作人员作为其助手，共同负责发布会会场布置工作。这样一来，经过三个人的全力配合，最终利用一天的时间完成了工作。而且，在这其中还有一个小插曲，更加印证了一定的人力资源支持的必要性。

在布置会场时，由于工作非常紧张，忘记了采购桌布。幸好另外一个工作人员发现了这一问题，并尽快购买了桌布，否则，发布会会场会因缺

少桌布，会影响整体效果。

如果小王的上司没有为小王提供必要的人力资源支持，小王就无法在一天的时间内完成会场的布置工作。并且，也正是因为有其他工作人员的协助，及时发现了小王的疏漏，才保证了发布会的顺利进行。

作为管理者，要分析员工的工作状态与工作需求，适时地为其提供一定的人力资源支持。

首先，分析工作性质，分析员工是否能够凭借一人的努力完成工作。如员工无法自己独立完成，则需要为其提供一定的人力资源支持。通常，需要提供人力资源支持的工作类型主要包括以下几种，见图9-3。

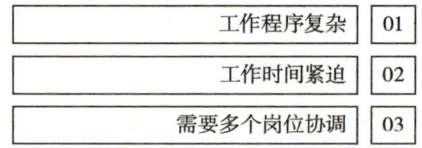

图9-3 需要提供人力资源支持的工作类型

其次，根据具体工作情况确定人员数量。为下属提供人力资源支持，还需要确定人员数量。人员数量过少，同样无法完成工作；人员数量过多，则无法起到锻炼下属的作用。因此，为下属提供人力资源支持时，要根据实际工作情况，确定人员数量。

提供物力资源支持，助力工作目标达成

物力支持指为下属提供其完成工作必须的物质。一项工作的完成不仅需要相关人员的努力，更少不了一定的物质支持。多数情况下，如果缺少物质资源，即使员工再努力，都无法达成工作目标。

例如，当下属要完成一项关于文案策划演示工作时，却没有必需的投影仪，这时，上司如果能够为其提供一台电脑和投影仪，就可以顺利演示其策划好的文案。又如，当员工要将一大部分样品送到另一个场地时，仅仅靠员工搬运，就会浪费大量的工作时间，这时，为其提供一辆车，能够让其轻松、快速地完成工作。

一定的物质资源支持是助力员工达成工作目标的保证。我们要学会观察他们的实际工作情况，分析其中存在的困难。如果需要一定的物质资源支持才能完成，要及时提供物质资源。

提供财力资源支持，让下属大展拳脚

财力支持是资源支持常见的一种。职场中，任何活动都需要经费，缺少经费，员工即使有想法也无法实施，工作就变得寸步难行。因此，应适时为其提供一些财力资源支持，让其工作不再"为钱发愁"，从而使其能够大展拳脚。

例如，当员工为提升工作质量而进行创新研究时，往往需要一定的资金才能够开展创新研究工作，否则，研究工作将无法开展。在这样的情况下，就应该给其提供一定的资金支持，支撑其创新研究。又如，当员工出差时，也应为其提供一定的资金支持。如果缺少资金支持，他在出差过程中除了要做好工作，还要思考如何节省开支，在这种情况下，不免会影响整体工作效率。而如果有足够的资金，就免除了他的后顾之忧，不用担心资金不够，只需一心做好工作即可。

但是，由于涉及到金钱，为下属提供财力资源支持时，要慎之又慎。既不能因为资金过少影响其工作效果，又不能申请多少给多少，造成财务混乱问题。